CARTA 3
La misión del cristiano en la vida social

JOSEMARÍA ESCRIVÁ DE BALAGUER

CARTA 3
La misión del cristiano en la vida social

Edición preparada por
Luis Cano

EDICIONES RIALP
MADRID

Preimpresión: produccioneditorial.com

ISBN (edición impresa): 978-84-321-6671-6
Depósito legal: M-1149-2024

Impreso en España   *Printed in Spain*

Anzos, S. L. - Fuenlabrada (Madrid)

ÍNDICE

NOTA DEL EDITOR

Recogemos en este libro una carta de san Josemaría sobre la misión del cristiano en la vida social. Está fechada el 9 de enero de 1932 y se escribió pensando en ayudar a las personas del Opus Dei a profundizar en su misión sobrenatural y apostólica en medio del mundo. Se envió a los miembros de la Obra en enero de 1966. Está publicada con el n.º 3 en *Cartas I* (Rialp, 2020). Este documento forma parte de un género literario particular de san Josemaría. No es un tratado: su estilo se parece más al de una conversación familiar, que el fundador mantiene con los miembros del Opus Dei de todos los tiempos. El tono es semejante al que empleaba en las tertulias con personas de la Obra, en las que les transmitía de viva voz el espíritu, la historia y las tradiciones de la Obra.

San Josemaría trata en esta carta de variadas cuestiones del espíritu del Opus Dei, pero el hilo temático es la misión de servicio a Dios, a la Iglesia y a todos los hombres, que sus miembros están llamados a realizar en medio del mundo. Es, como ya hemos dicho, un escrito de tono familiar, una conversación del fundador con sus hijas e hijos espirituales. Hay un orden expositivo que se puede resumir en las ideas siguientes. En los primeros párrafos (1–7) describe cuál es el fin del Opus Dei: servir a la Iglesia y al papa, respetando y defendiendo la libertad de los católicos en lo que es opinable, sin caer en «dogmas doctrinales temporales». Este tema volverá a ser retomado varias veces a lo largo del escrito, en el que se contienen algunas exposiciones de san Josemaría acerca de la laicidad, de la legítima autonomía de las cuestiones temporales y de la libertad del cristiano en las cuestiones opinables, junto a una condena de los abusos a los que ha llevado el clericalismo. Una segunda parte (8–22), además de otros temas misceláneos (unidad de vida, rectitud de intención, filiación divina, fe, etc.) describe el llamamiento al Opus Dei, usando metáforas que permiten captar la especificidad de esa vocación laical: «Si me preguntáis cómo se nota la llamada divina, cómo se da uno cuenta, os diré que es una visión nueva de la vida. Es como si se encendiera una luz dentro de nosotros; es un impulso misterioso, que empuja al hombre a dedicar sus más nobles energías a una actividad que, con la práctica, llega a tomar cuerpo de oficio. Esa fuerza vital, que tiene algo de alud arrollador, es lo que otros llaman vocación» (9). Un tercer grupo de párrafos (23–40) gira en torno al espíritu de servicio a la Iglesia, que mueve al Opus Dei. Detalla aquí algunas manifestaciones concretas del apostolado de los miembros, en su tarea de llevar el evangelio a todos los ambientes del mundo, con un espíritu plenamente laical. En la parte central de la carta (41–61) san Josemaría aborda temas de interés, no sólo para quienes están en el Opus Dei, sino para todos los cristianos: el servicio al bien común en las actividades de relevancia pública y social, incluida la política. Da respuestas a quienes se preguntan cuál debe ser la actuación pública de los católicos en ambientes que han perdido muchos de los antiguos valores cristianos. Las orientaciones del fundador se basan en el respeto al pluralismo y a la libertad. Además, aprovecha para aclarar con toda energía que «la Obra no tiene política alguna: no es ese su fin. Nuestra única finalidad es espiritual y apostólica, y tiene un resello divino: el amor a la libertad, que nos ha conseguido Jesucristo muriendo en la Cruz» (42). Trata también, en una sección sucesiva, del apostolado personal (62–77), donde se destacan algunas ideas como la naturalidad, la comprensión con los demás, la búsqueda de la unidad con todos, la capacidad de adaptarse a cada persona, sin discriminación ninguna, ni prejuicios o rigideces, haciéndose «todo para todos, para salvarlos a todos» (1 Cor 9,22), como enseña san Pablo. Después de dar unas pinceladas sobre algunos apostolados corporativos del Opus Dei (78—80), entra de nuevo en la cuestión del espíritu de servicio (81—90). Encontramos en estas páginas orientaciones válidas para todos los cristianos que trabajan en política, en tareas de impacto social o que conllevan responsabilidades de gobierno. Enseña cómo han de santificarse esas tareas, manteniendo la humildad y el deseo de servir a la comunidad. La carta termina con un epílogo (91—93) en el que san Josemaría vuelve a tratar de la misión apostólica que lleva a cabo el Opus Dei, recordando la llamada universal a la santidad.

PRÓLOGO

Me produce una gran alegría el comienzo de la edición pública de las *Cartas* que san Josemaría escribió para los miembros del Opus Dei. Han pasado más de noventa años desde el 2 de octubre de 1928, día en que el Señor lo llamó para que fundara la Obra. Nueve décadas son muchas para la vida de una persona; en cambio, de ordinario no sucede lo mismo con una institución querida por Dios para su Iglesia.

San Josemaría hizo referencia, en cierto momento, a la historicidad propia de un carisma que está destinado a ser fecundo a lo largo del tiempo: «Permanece inconmovible el meollo, la esencia, el espíritu, pero evolucionan los modos de decir y de hacer, siempre viejos y nuevos, siempre santos»[1]. En este juego de identidad y dinamismo se expresa también la fidelidad a un espíritu que busca dar

---

[1] *Carta* 27, § 56.

vida en todas las épocas. Las *Cartas* que ahora se empiezan a publicar constituyen un valioso material para esta tarea ya que, de alguna manera, nos acercan a aquella fecha fundacional.

Durante los primeros años treinta del siglo pasado, san Josemaría se esforzaba por compaginar con su dedicación a la Obra, que daba sus primeros pasos, el resto de su trabajo pastoral, académico y su contribución al sostenimiento económico de su familia. Sabemos que la puesta en marcha del Opus Dei no fue una tarea sencilla: el mensaje que debía difundir –la llamada a la santidad en medio del mundo y tomando ocasión del mundo– no estaba en aquellos años veinte y treinta universalmente reconocido; es más, chocaba con la mentalidad más común. Se trataba de abrir a hombres y mujeres «los caminos divinos de la tierra», de mostrar que los nobles quehaceres humanos podían ser recorridos en comunión con Dios de modo que fueran también caminos de santidad.

Un día de abril de 1933 escribió: «Dios mío: ya lo ves; suspiro por vivir sólo para tu Obra, y en lo espiritual dirigir toda mi vida interior a la formación de mis hijos, con ejercicios, pláticas, meditaciones, cartas, etc.»[2]. El fundador se sirvió de la predicación oral y de los escritos

---

[2] *Apuntes íntimos*, n.º 1723.

como modo de profundizar y de transmitir el mensaje de santidad en la vida ordinaria. Entre los textos que se han conservado, destacan los que denominó *Instrucciones* y también los que llamó *Cartas*: ambos recogen consideraciones espirituales y prácticas en las que explica la naturaleza y los apostolados del Opus Dei[3]. Ahora ven la luz las cuatro primeras *Cartas* pastorales, gestadas precisamente durante esos años en Madrid aunque —como se explica en el presente estudio— trabajadas definitivamente en Roma, años más tarde, cuando adquirieron su forma actual.

San Josemaría preparaba una posible edición de las *Cartas* cuando el Señor le llamó a su gloria. Y dejó indicado a sus sucesores que las difundieran cuando la prudencia se lo aconsejase. Mi predecesor, Mons. Javier Echevarría, tomó la decisión de iniciar el proceso de publicación hace casi diez años. Ahora, después de diversos trabajos y estudios sobre el entero ciclo de estos textos —un *corpus* de escritos inéditos de varios millares de páginas—, se ha podido comenzar su publicación, que seguirá a lo largo

---

[3] Cfr. José Luis ILLANES, "Obra escrita y predicación de san Josemaría Escrivá de Balaguer", SetD 3 (2009), p. 218; Id., «Cartas (obra inédita)», en DJE, pp. 204-211; Luis CANO, «Instrucciones (obra inédita)», en *ibíd*, pp. 650-655.

de los próximos años. Este trabajo se encuadra dentro de la Colección de Obras Completas de San Josemaría, en edición crítica anotada, encomendada al Instituto Histórico San Josemaría Escrivá, con sede en Roma.

Las *Cartas* están dirigidas expresamente a los miembros del Opus Dei, pero iluminan todo el itinerario de la vida cristiana, con especial referencia a las incidencias y los valores de la vida en el mundo. Por eso san Josemaría previó que, cuando fuese oportuno, se hicieran accesibles a todas las personas interesadas en conocer y vivir el mensaje de santidad en la propia existencia.

Estos textos desarrollan ampliamente los elementos fundamentales del espíritu del Opus Dei, ya enunciados, con estilo distinto, en *Consideraciones Espirituales* y en *Camino* publicados entre 1932 y 1939. Y de todos, con mayor o menor extensión según los casos, se encuentran ecos en su predicación de aquellos años y de los sucesivos. En las cuatro *Cartas* que ahora se publican, se tratan con la fuerza que caracterizó la predicación de san Josemaría, temas nucleares de la llamada universal a la santidad y al apostolado en la vida ordinaria, y de sus múltiples implicaciones doctrinales y existenciales: la santificación del trabajo profesional, la vida de oración con la aspiración a ser contemplativos en medio del mundo, la inspiración cristiana de las realidades sociales, la libertad y responsabilidad del cristiano en sus actuaciones temporales, el valor humano y cristiano de la amistad. Esos y otros aspectos aparecen enraizados en lo más hondo y perenne de la vida cristiana: la filiación divina, la unión con Jesucristo en la Eucaristía y en la oración, la devoción a María Santísima, la conciencia de la vocación recibida con el bautismo y reforzada por la práctica sacramental, el amor a la Iglesia con la adhesión filial al Romano Pontífice y a todos los obispos en comunión con él.

Quisiera dar las gracias a los miembros del Instituto Histórico que han preparado con esmero esta edición de las primeras cuatro *Cartas*, así como a quienes se encuentran trabajando en la publicación de las siguientes. Más de una vez el lector se conmoverá con la lectura de estos escritos, que nos dan a conocer los pensamientos y deseos que ocupaban el corazón y la mente de san Josemaría. El eco de sus primeros años como fundador del Opus Dei está presente de modo vibrante en estas páginas. Algunas traen a la mente las conversaciones que, desde el principio, mantenía con quienes se acercaban a él; momentos que en Roma, años después, dieron lugar a tertulias en las que pasaba de un tema a otro para dar luz a quienes le escuchábamos, o en las que nos contaba detalles de la historia del Opus Dei. A su intercesión acudo para que nos ayude a profundizar en nuestro amor a Dios, a la Iglesia y a cada persona.

Roma, 28 de noviembre de 2019
Aniversario de la erección del Opus Dei
en Prelatura personal

Mons. FERNANDO OCÁRIZ
Prelado del Opus Dei

CARTA 3

[Sobre la misión del cristiano en la vida social,
su íncipit latino es *Res omnes* y está fechada el 9 de
enero de 1932; consta que fue impresa por
primera vez en enero de 1966]

Todo lo que es o parece nuevo, tanto si se refiere a la doctrina como al modo de comunicarla a los hombres y a la manera de llevarla a la práctica, debe abrir un camino nuevo —al menos en apariencia—, aunque lo que enseñe o lo que haga corresponda por completo al recto saber cristiano y a la tradición.

Conviene por eso que os diga una vez más que la Obra no viene a innovar nada, ni mucho menos a reformar nada de la Iglesia: acepta con fidelidad cuanto la Iglesia señala como cierto, en la fe y en la moral de Jesucristo. No queremos librarnos de las trabas —santas— de la disciplina común de los cristianos. Queremos, por el contrario, ser con la gracia del Señor —que Él me perdone esta aparente falta de humildad— los mejores hijos de la Iglesia y del Papa.

Para conseguir este intento es necesario amar la libertad. Evitad ese abuso que parece exasperado en nuestros tiempos —está patente y se sigue manifestando de hecho en naciones de todo el mundo— que revela el deseo, contrario a la lícita independencia de los hombres, de obligar a todos a formar un solo grupo en lo que es opinable, a crear como dogmas doctrinales temporales; y a defender ese falso criterio con intentos y propaganda de naturaleza y substancia escandalosas, contra los que tienen la nobleza de no sujetarse.

Cristo en la cumbre de todas las actividades humanas

2 *Instaurare omnia in Christo*[1], dice San Pablo a los de Éfeso, renovad el mundo en el espíritu de Jesucristo, colocad a Cristo en lo alto y en la entraña de todas las cosas. Venimos a santificar cualquier fatiga humana honesta: el trabajo ordinario, precisamente en el mundo, de manera laical y secular, en servicio de la Iglesia Santa, del Romano Pontífice y de todas las almas.

Para lograrlo, hemos de defender la libertad. La libertad de los miembros, pero formando un solo cuerpo místico con Cristo, que es la cabeza, y con su Vicario en la tierra. Parece que han sido desgarradas las cosas celestiales de las del mundo, y que no tenían ya cabeza. Pero Dios puso como cabeza de todas las cosas a Cristo

---

[1] *Ef* 1,10 (Vg).

encarnado. Por tanto, se llegará a la unidad, a una unión armónica, cuando todas las cosas estén sometidas a una sola cabeza, que es Cristo.

Diremos con San Ireneo: *hay un solo Dios Padre, (...) y un solo Cristo, Jesús Señor Nuestro, que pasa por toda la economía y recapitula todo en sí: en este todo está comprendido el hombre, criatura de Dios. Él, pues, recapitula al hombre en sí mismo. El invisible se hizo visible; el incomprensible, comprensible; el impasible, pasible; y el Verbo se hizo hombre, resumiendo todas las cosas en sí mismo. Y así como el Verbo de Dios es el primero entre los seres celestiales y espirituales e invisibles, así también tiene la soberanía sobre el mundo visible y corporal, asumiendo toda la primacía; y haciéndose Cabeza de la Iglesia, atrae hacia sí todas las cosas a su debido tiempo*[2].

Ahora comprenderemos la emoción de aquel pobre sacerdote, que tiempo atrás sintió dentro de su alma esta locución divina: *et ego, si exaltatus fuero a terra, omnia traham ad meipsum*[3]; cuando seré levantado en alto sobre la tierra, todo lo atraeré a mí. A la vez, vio con claridad la significación que el Señor, en aquel momento, quería dar a esas palabras de la Escritura: hay que poner a Cristo en la cumbre de todas las

---

[2] S. Ireneo de Lión, *Adversus haereses*, III, 16, 6 (SC 211, pp. 313-314).
[3] *Jn* 12,32.

actividades humanas. Entendió claramente que, con el trabajo ordinario en todas las tareas del mundo, era necesario reconciliar la tierra con Dios, de modo que lo profano —aun siendo profano— se convirtiese en sagrado, en consagrado a Dios, fin último de todas las cosas.

Santificación del trabajo

3 Hay un paréntesis de siglos, inexplicable y muy largo, en el que sonaba y suena esta doctrina a cosa nueva: buscar la perfección cristiana, por la santificación del trabajo ordinario, cada uno a través de su profesión y en su propio estado. Durante muchos siglos, se había tenido el trabajo como una cosa vil; se le había considerado, incluso por personas de gran capacidad teológica, como un estorbo para la santidad de los hombres.

Yo os digo, hijas e hijos míos, que a cualquiera que excluya un trabajo humano honesto —importante o humilde—, afirmando que no puede ser santificado y santificante, podéis decirle con seguridad que Dios no le ha llamado a su Obra.

Habrá que rezar, tendremos que rezar, tendremos que sufrir, para quitar de la mente de las personas buenas ese error. Pero llegará el momento, en el cual, a base del trabajo humano en todas las categorías tanto intelectuales como manuales, se alzará en una sola voz el clamor de los cristianos diciendo: *cantate Domino canticum novum: cantate Domino omnis terra*[4]; cantad al Señor un cantar nuevo: que alabe al Señor toda la tierra.

Para abrir una brecha en la conciencia de los   **4** hombres, después de tantos siglos de error o de olvido de los deberes del cristiano, tenéis que ser amigos del trabajo. Sin el trabajo no nos santificaremos: no es posible, porque el trabajo es la materia que hemos de santificar y el instrumento para la santificación.

Habéis de ser fieles, habéis de ser fuertes, habéis de ser dóciles, necesitáis virtudes humanas, corazón grande, lealtad. Con esto, yo no os pido cosas extraordinarias; os pido sencillamente que toquéis el cielo con la cabeza: tenéis derecho, porque sois hijos de Dios. Pero que vuestros pies, que vuestras plantas estén bien seguras en la tierra, para glorificar al Señor Creador Nuestro, con el mundo y con la tierra y con la labor humana.

Contemplo ya, a lo largo de los tiempos, hasta al último de mis hijos —porque somos hijos de Dios, repito— actuar profesionalmente, con sabiduría de artista, con felicidad de poeta, con seguridad de maestro y con un pudor

---

[4] *Sal* 96[95],1.

más persuasivo que la elocuencia, buscando —al buscar la perfección cristiana en su profesión y en su estado en el mundo— el bien de toda la humanidad.

5   Hemos de amar toda clase de trabajo humano, porque el trabajo es el medio para la santificación de las almas y para la gloria de Dios. Si el trabajo, cualquier trabajo humano honesto, es el medio, nadie será capaz de poner orillas a este mar inmenso de apostolado, a este panorama humano y divino que se presenta ante nuestros ojos.

Cuando llegue el tiempo de cristalizar canónicamente —con las leyes de la Iglesia— este apostolado nuestro, diremos lo mismo: que es un mar sin orillas, pero señalaremos alguna labor concreta, porque es corriente señalarla.

Vosotros y yo sabemos y creemos que el mundo tiene como misión única dar gloria a Dios. Esta vida sólo tiene razón de ser en cuanto proyecta el reino eterno del Creador. Por eso escribe San Pablo: *todo cuanto hiciereis, tanto de palabra como de obra, hacedlo en el nombre del Señor Jesús, dando gracias a Dios Padre por mediación de Él*[5]. Y se lee en la primera Epístola a los Corintios: *ya comáis, ya bebáis, hacedlo todo para*

---

[5] *Col* 3,17.

la gloria de Dios[6]. Estamos, pues, todos nosotros obligados a trabajar: porque el trabajo es un mandato de Dios, y a Dios hay que obedecerle con alegría: *servite Domino in laetitia*[7].

La santificación personal en la ocupación diaria

De este modo se hace sobrenatural el trabajo, porque su fin es Dios, y el trabajo se hace pensando en Él, como un acto de obediencia. No debemos abandonar el sitio, en el que nos ha sorprendido la llamada del Señor. Tenemos que convertir en servicio de Dios nuestra vida entera: el trabajo y el descanso, el llanto y la sonrisa. En la besana, en el taller, en el estudio, en la actuación pública, debemos permanecer fieles al medio habitual de vida; convertirlo todo en instrumento de santificación y en ejemplo apostólico, sin servirnos nunca de la Iglesia ni de la Obra: cada uno con responsabilidad personal.

En el trabajo ordinario, en el seno de la familia y de la sociedad, tenemos el compromiso personal de buscar la santidad, a la que estamos llamados por el mero hecho de ser cristianos, ya

6

[6] *1 Co* 10,31.
[7] *Sal* 100[99],2.

que están claras las palabras del Maestro: *sed perfectos, como vuestro Padre celestial es perfecto*[8].

Mirad lo que escribía San Juan Crisóstomo: *la verdad es que todos los hombres tienen que subir a la misma altura; y lo que ha trastornado toda la tierra es pensar que sólo el monje está obligado a mayor perfección, y los demás pueden vivir a sus anchas. ¡Pero no es así!*[9].

7   Hemos de procurar que entiendan todas las gentes que no hay que dividir a los hombres en dos categorías: los que trabajan, y los que piensan que se rebajan trabajando. Porque hoy está claro que el trabajo es un servicio que estamos obligados a prestar todos los cristianos, por amor, a Dios y, por Él, a la humanidad entera.

A los que no quieren comprender, me atrevo a decirles: *qui parce seminat, parce et metet: et qui seminat in benedictionibus, de benedictionibus et metet*[10]; quien siembra escasamente, escasamente recogerá: y quien siembre a manos llenas, a manos llenas recogerá. Con esto os acabo de decir, con palabras del Apóstol, que no basta trabajar

---

[8] *Mt* 5,48.

[9] S. JUAN CRISÓSTOMO, *Adversus oppugnatores eorum qui ad monasticam vitam inducunt*, 1, III, 14 (PG 47, col. 374).

[10] *2 Co* 9,6.

mucho, sino que hay que trabajar con visión sobrenatural: porque, si no, no recibiremos bendi-
ciones del cielo.

Hijas e hijos míos, os quiero contar una
pena, una pena grande: *no me entienden*. Llevo
ya cuatro años diciendo lo mismo: y no entienden. Están como impermeabilizados. Parece
que no les cabe, ni en la cabeza ni el corazón,
tanto heroísmo cristiano sin espectáculo. Pero
nuestra generosidad, aunque sea completa,
es bien poca comparada con esa generosidad
infinita y amorosa del Dios-Hombre, que se
entrega al sacrificio por nuestra salvación, dando hasta la última gota de su sangre, hasta el
último aliento de su vida. Por eso hemos de
procurar también entregarnos sin cicaterías,
pendientes del amor de Dios, aunque no falten
las dificultades.

Vocación al apostolado en medio del trabajo

Nos cuenta San Mateo: *Jesús iba recorriendo to-*   8
das las ciudades y villas, enseñando en sus sinago-
gas y predicando el Evangelio del reino de Dios y
curando toda dolencia y toda enfermedad. Y al ver
aquellas gentes, se compadecía entrañablemente por-
que estaban malparadas y abandonadas, aquí y allá
como ovejas sin pastor. Entonces, dijo a sus discípu-
los: la mies es verdaderamente mucha, pero pocos los

obreros; rogad, pues, al dueño de la mies que envíe a su mies operarios[11].

Desgarra el corazón este clamor del Hijo de Dios, que se lamenta porque la mies es mucha y los obreros son pocos. Pedid conmigo al Señor de la mies, para que envíe obreros, gente de todas las razas y de todas las profesiones y clases sociales, a trabajar en esta Obra, con este sentido sobrenatural: *rogate ergo Dominum messis, ut mittat operarios in messem suam!* De este modo serán muchas las almas que sentirán esta *llamada divina*, que enciende en nosotros el deseo de buscar la perfección en medio del mundo.

9   Si me preguntáis cómo se nota la llamada divina, cómo se da uno cuenta, os diré que es una visión nueva de la vida. Es como si se encendiera una luz dentro de nosotros; es un impulso misterioso, que empuja al hombre a dedicar sus más nobles energías a una actividad que, con la práctica, llega a tomar cuerpo de oficio. Esa fuerza vital, que tiene algo de alud arrollador, es lo que otros llaman vocación.

La *vocación* nos lleva —sin darnos cuenta— a tomar una posición en la vida, que mantendremos con ilusión y alegría, llenos de esperanza hasta en el trance mismo de la muerte. Es un fenómeno

---

[11] *Mt* 9,35-38.

que comunica al trabajo un sentido de misión, que ennoblece y da valor a nuestra existencia. Jesús se mete con un acto de autoridad en el alma, en la tuya, en la mía: ésa es la llamada.

Se hacen realidad aquellas palabras del Apocalipsis: *he aquí que estoy a la puerta de tu corazón y llamo: si alguno escuchare mi voz y me abriere la puerta, entraré, y cenaré con él, y él conmigo*[12]. Esta llamada de Dios es algo preciosísimo. Se me viene a la boca la parábola que, en el capítulo trece de su Evangelio, nos relata San Mateo: *el reino de los cielos es semejante a un tesoro escondido en el campo, que si lo halla un hombre, lo encubre de nuevo, y va gozoso del hallazgo, vende todo cuanto tiene, y compra aquel campo. El reino de los cielos es también semejante a un mercader, que trata en perlas finas. Y viniéndole a las manos una de gran valor, va, y vende todo cuanto tiene, y la compra*[13]. Es pues nuestra llamada, cuando la hemos sabido recibir con amor, cuando la hemos sabido estimar como cosa divina, una piedra preciosa de valor infinito.

Esta llamada es un tesoro escondido que no encuentran todos. Lo encuentran aquellos a quienes Dios verdaderamente elige: *se pedirá cuenta de*   10

---

[12] *Ap* 3, 20.
[13] *Mt* 13,44-45.

mucho a quien mucho se le entregó[14]. Cuando hayáis sentido esa gracia de Dios, no os olvidéis de la parábola del tesoro escondido: *quem qui invenit homo, abscondit, et prae gaudio illius vadit, et vendit universa quae habet, et emit agrum illum*[*]: ¡es tan humano y tan sobrenatural esconder los favores de Dios!

Mirad cómo busca el Señor a los que quiere que le sigan. A Pedro, y a Andrés su hermano, que eran pescadores, cuando estaban echando las redes en el mar. Escuchad qué les dice: *venite post me, et faciam vos fieri piscatores hominum*[15]; venid conmigo y os haré pescadores de hombres. Y Pedro y Andrés, *continuo*, dejando todas las cosas inmediatamente, le siguieron.

Hay otro que no ha sido llamado —nos lo cuenta San Mateo en el capítulo octavo, versículos 19 y 20—: *Magister*, Maestro, afirma, *sequar te quocumque ieris*, te seguiré dondequiera que vayas. El Señor le respondió: *las raposas tienen madrigueras, y las aves del cielo nidos, pero el Hijo del hombre no tiene sobre qué reclinar la cabeza*. No

---

[*] *Mt* 13,44 (N. del E.).

[14] *Lc* 12,48; «*quem qui invenit ... emit agrum illum*»: «que, al encontrarlo un hombre, lo oculta y, gozoso del hallazgo, va y vende todo cuanto tiene y compra aquel campo» (T. del E.).

[15] *Mt* 4,19-20.

hay que asustarse —hijas e hijos míos— ante los peligros, ante las contradicciones, ante la dureza en el servicio de Dios.

Señor—le ruega uno de sus discípulos—, *permíteme que, primero que te siga, vaya a dar sepultura a mi padre. Jesús le contestó: sígueme tú, y deja que los muertos entierren a sus muertos*[16]. Y al que le dijo: *yo te seguiré, Señor, pero primero déjame ir a despedirme de mi casa*, le respondió Jesús: *ninguno que, después de haber puesto la mano en el arado, vuelve los ojos atrás, es apto para el reino de Dios*[17].

Antes de ir adelante, a los que tenéis esa luz en el alma, a los que os sentís empujados interiormente a buscar la perfección cristiana en el mundo, os digo que el que esté ligado a un vínculo o compromiso espiritual —por la *llamada*—, si no quiere engañarse, es necesario que renuncie a cualquier consejero, a cualquier proyecto que no esté dentro de aquel vínculo. Obrando de otro modo, se comenzarían tantos grupitos cuantos fueran los individuos, y el vínculo sobrenatural y civil quedaría sin efecto y hasta podría hacerse dañoso, porque se destruiría la obediencia.   11

Hijos míos, ¡cuántas veces se meten a juzgar en las almas de los demás, a aconsejar a otros,

---

[16] *Mt* 8,21-22.
[17] *Lc* 9,61-62.

gentes que nunca sintieron la inquietud personal de aquel clamor divino: *venite post me!*[18]. Tened un hondo agradecimiento por haber recibido la llamada, y pensad que la verdad —la llamada vuestra— no tiene más que un camino; y dentro de este camino se puede andar despacio, pasear con apresuramiento, correr, o saltar: en la Obra no cuadriculamos las almas, ni metemos a las criaturas en moldes de acero, con gestos, modos y palabras que están fuera de la realidad del mundo: porque nosotros vivimos en el mundo para Dios.

Llamada a la santidad en medio del mundo

12 A los que dicen que esto es una utopía, les respondo con la experiencia que tengo de bastantes almas y con estas palabras del Crisóstomo: *¿dónde están ahora los que dicen no ser posible conservar la virtud quien vive en medio de la ciudad, sino que es menester retirarse y vivir en los montes? Como si no fuera posible ser virtuoso quien gobierna una casa, y tiene mujer y cuida de sus hijos*[19].

En todos los estados, en todas las tareas honestas, para adquirir la santidad, no teniendo

---

[18] *Mt* 4,19.

[19] S. JUAN CRISÓSTOMO, *In Genesim Homilia*, 43, 1 (PG 54, col. 396).

vocación de religiosos, no hay que huir del mundo. Estamos bien en el lugar que ocupamos en la tierra. Tengo certeza de que la llamada —la llamada específica de que vengo hablando en esta carta—, es para muchos: porque en la Obra no hay clasismos, porque interesan todas las almas; y, por lo tanto, se necesitan toda clase de instrumentos. *Iterum simile est regnum caelorum sagenae missae in mare, et ex omni genere piscium congreganti*[20]; también es semejante el reino de los cielos a una red barredera, que echada en el mar, recoge todo género de peces.

Cuando, por boca de Jeremías, el Señor predice   13
la futura liberación del pueblo hebreo que está en el exilio, y hace notar que, si antes les había sacado de Egipto, ahora sacará a sus siervos *de terra Aquilonis et de cunctis terris*[21], pienso en que habrá muchas llamadas a la Obra de Dios, sin discriminación. El Señor los traerá de todas las clases sociales, de todos los talentos, de los que están arriba, de los que están abajo, y —como vuelve a decir Jeremías— de los que están en las entrañas de la tierra.

---

[20] *Mt* 13,47.

[21] *Jr* 23,8; «*de terra Aquilonis et de cunctis terris*»: «de tierras del norte y de todas las tierras» (T. del E.).

Oíd al profeta: *yo voy a mandar muchos pescadores, palabra de Yavé, que los pescarán; y después
muchos cazadores, que los cazarán por todos los montes, por todas las colinas, y por las cavernas de las ro-
cas. Porque están a mi vista todos sus caminos*[22].

Somos instrumentos en las manos de Dios,
qui omnes homines vult salvos fieri[23], que quiere que
se salven todos los hombres. Mis hijos, por la formación verdaderamente contemplativa de nuestro
espíritu, han de sentir dentro de su alma la necesidad de buscar a Dios, de encontrarle y de tratarle
siempre, admirándolo con amor en medio de las
fatigas de su trabajo ordinario, que son cuidados
terrenos, pero purificados y elevados al orden sobrenatural; y han de sentir igualmente la necesidad de convertir toda su vida en apostolado, que
fluye del alma para traducirse en obras externas:
caritas mea cum omnibus vobis in Christo Iesu[24], mi
cariño para todos vosotros en Cristo Jesús.

*Unidad de vida. Rectitud de intención.
Filiación divina*

14   De lo que acabo de escribir, se deduce que es necesaria, para los hijos de Dios que Él ha llamado

---

[22] *Jr* 16,16-17.
[23] *1 Tm* 2,4.
[24] *1 Co* 16,24.

a su Obra, la unidad de vida. Una unidad de vida
que tiene simultáneamente dos facetas: la interior, que nos hace contemplativos; y la apostólica, a través de nuestro trabajo profesional, que es
visible y externa.

Os lo volveré a decir: nuestra vida es trabajar y rezar, y al revés, rezar y trabajar. Porque llega el momento en el que no se saben distinguir
estos dos conceptos, esas dos palabras, contemplación y acción, que terminan por significar lo
mismo en la mente y en la conciencia.

Mirad lo que dice Santo Tomás: *cuando de
dos cosas una es la razón de la otra, la ocupación del
alma en una no impide ni disminuye la ocupación en
la otra... Y como Dios es aprehendido por los santos
como la razón de todo cuanto hacen o conocen, su ocupación en percibir las cosas sensibles, o en contemplar o
hacer cualquier otra cosa, en nada les impide la divina
contemplación, ni viceversa*[25].

Para no perder esta unidad de vida, pongamos al
Señor como fin de todos nuestros trabajos, que
hemos de hacer *non quasi hominibus placentes, sed
Deo qui probat corda nostra*[26]; no para agradar a
los hombres, sino a Dios que sondea nuestros
corazones. Además hemos de buscar la presencia

15

---

[25] *S.Th., Suppl.,* q. 82, a. 3 ad 4.
[26] *1 Ts* 2,4.

de Dios: *quaerite Dominum et confirmamini, quaerite faciem eius semper*[27]; buscad al Señor y haceos
fuertes, buscad siempre su rostro.

Levantad el corazón a Dios, cuando llegue el
momento duro de la jornada, cuando quiera me-
terse en nuestra alma la tristeza, cuando sintamos
el peso de este laborar de la vida, diciendo *miserere
mei Domine, quoniam ad te clamavi tota die: laetifi-
ca animam servi tui, quoniam ad te Domine animam
meam levavi*[28]; Señor, ten misericordia de mí, porque te he invocado todo el día: alegra a tu siervo,
porque a ti, Señor, he levantado mi alma.

16 Somos siervos de Dios e hijos de Dios. Como
siervos suyos, podemos gozarnos al escuchar
aquellas palabras de los Hechos de los Apóstoles: *ciertamente, sobre mis siervos y sobre mis siervas
en aquellos días, derramaré mi Espíritu, y profetiza-
rán*[29]. Como hijos de Dios, podemos contemplar
con alegría lo que escribe San Pablo a los Gála-
tas: *digo además: que mientras el heredero es niño, en
nada se diferencia de un siervo, a pesar de ser dueño
de todo; sino que está bajo la potestad de los tutores y
curadores, hasta el tiempo señalado por su padre.*

---

[27] *Sal* 105[104],4.
[28] *Sal* 86[85],3-4.
[29] *Hch* 2,18.

Así nosotros, cuando éramos todavía niños, vivíamos en servidumbre, bajo los elementos del mundo; pero cumplido que fue el tiempo, envió Dios a su Hijo, formado de una mujer, y sujeto a la ley, para redimir a los que estaban debajo de la ley, a fin de que recibiésemos la adopción de hijos. Y por cuanto vosotros sois hijos, envió Dios a vuestros corazones el Espíritu de su Hijo, el cual nos hace clamar: ¡Abba, Padre mío! Y así ninguno de vosotros es ya siervo, sino hijo. Y siendo hijo, es también heredero de Dios[30].

Hay en el Evangelio dos figuras que —a la hora de   17
la cobardía general— son valientes: José de Arimatea, que era discípulo de Jesús, aunque oculto; y un hombre rico, Nicodemo. En medio de este terror general, de este abandono en que había quedado Cristo Jesús, sólo rodeado de mujeres —de su Madre, de aquellas santas mujeres— y de un adolescente —de Juan—, ellos, que se ocultaban mientras vivía el Maestro, vuelven a aparecer, según nos cuentan los Evangelistas. José, para pedir a Pilatos que le deje recoger el Cuerpo. Nicodemo, para llevar una confección de mirra y áloe, como cien libras: sería bastante dinero.

Sin embargo, aunque trataban y amaban a Jesús, acordaos de aquel pasaje de San Juan en el capítulo III, del versículo uno al diez, cuando

[30] *Ga* 4,1-7.

el Señor dice a Nicodemo: *nisi quis renatus fuerit denuo, non potest videre regnum Dei*; quien no naciere de nuevo, no puede ver el reino de Dios o tener parte en él. Nicodemo contesta: *quomodo potest homo nasci, cum sit senex?*; ¿cómo puede nacer un hombre, siendo viejo? No os voy aquí a repetir todo el pasaje. Nicodemo no era un ignorante. Jesús le pregunta: *tu es magister in Israël et haec ignoras? Nisi quis renatus fuerit*, había adoctrinado el Maestro, *ex aqua et Spiritu Sancto non potest introire in regnum Dei*; ¿tú eres maestro en Israel, e ignoras estas cosas?; quien no naciere por el bautismo del agua y del Espíritu Santo, no puede entrar en el reino de Dios. Y en otra parte: *sic est omnis qui natus est ex spiritu*, eso mismo sucede al que nace del espíritu.

Amor de Dios. Confianza en Dios

18 La filiación divina está clara. Ellos no lo entendían. Dad gracias, porque sabéis que sois verdaderos hijos de Dios, porque sabéis, como escribe San Juan, que Dios es justo; y sabéis igualmente que quien vive según justicia, ejercitando las virtudes, es hijo legítimo de Dios[31].

Os seguiré amonestando con San Juan: *mirad qué tierno amor hacia nosotros ha tenido el Padre,*

---

[31] *1 Jn* 2,29.

queriendo que nos llamemos hijos de Dios y lo seamos en efecto. Carísimos, nosotros somos ya ahora hijos de Dios[32]. Nos confirma San Pablo en esta creencia, cuando escribe: *era cosa digna que aquel Dios, para quien y por quien son todas las cosas, habiendo de conducir a muchos hijos adoptivos a la gloria, consumase o inmolase por medio de la pasión y muerte al autor y modelo de la salvación de los mismos hijos, Jesucristo Señor Nuestro. Porque el que santifica y los que son santificados, todos traen de uno su origen, es decir, todos tienen la naturaleza humana. Por cuya causa, no se desdeña de llamarlos hermanos, diciendo: anunciaré tu nombre a mis hermanos: en medio de la Iglesia cantaré tus alabanzas. Y en otra parte: yo pondré en él toda mi confianza. Y añade: he aquí yo y mis hijos, que Dios me ha dado*[33].

Pero si no procuramos vivir como hijos de Dios, perderemos la confianza en Él, que es perder una buena parte del Amor, y nos resultará la vida dura y amarga. No olvidéis que no solamente somos hijos de Dios, sino hermanos de Jesucristo: *primogenitus in multis fratribus*[34]. Y que *todo aquel que nació de Dios no hace pecado, porque la semilla de Dios, que es la gracia santificante,*

19

---

[32] *1 Jn* 3,1-2.
[33] *Hb* 2,10-13.
[34] *Rm* 8,29.

mora en él; y, si no la echa de sí, no puede pecar, porque es hijo de Dios: en esto se distinguen los hijos de Dios de los hijos del diablo[35].

Llenaos, por tanto, de confianza, *porque de tal manera amó Dios al mundo que no paró hasta dar a su Hijo Unigénito, a fin de que todos los que crean en Él no perezcan, sino que vivan vida eterna. Pues no envió Dios a su Hijo al mundo, para condenar al mundo, sino para que por su medio el mundo se salve: y para que todo aquel que crea en Él no perezca, sino que logre la vida eterna*[36].

Amor al Papa

20   Como somos hijos de Dios, nuestro más grande amor, nuestra mayor estima, nuestra más honda veneración, nuestra obediencia más rendida, nuestro mayor afecto ha de ser también para el Vice-Dios en la tierra, para el Papa. Pensad siempre que después de Dios y de nuestra Madre la Virgen Santísima, en la jerarquía del amor y de la autoridad, viene el Papa. Por eso, muchas veces digo: *gracias, Dios mío, por el amor al Papa que has puesto en mi corazón.*

Tengamos, pues, una confianza plena, completa, en la Iglesia y en Pedro. Yo no he dejado de

---

[35] *1 Jn* 3,9-10.
[36] *Jn* 3,16-17.

tenerla, aunque algunas personas han procurado, diremos mejor, el demonio ha procurado a través de ciertos hombres sembrar recelos y sombras, para tratar de hacer disminuir en mí —sin conseguirlo— esta confianza y este amor.

Hijos míos, os voy a contar esta pequeña anécdota. Me dará tanta alegría que alguno de vosotros, cuando pueda, la viva: desde hace años, por la calle, todos los días, he rezado y rezo una parte del Rosario por la Augusta Persona y por las intenciones del Romano Pontífice. Me pongo con la imaginación junto al Santo Padre, cuando el Papa celebra la misa: yo no sabía, ni sé, cómo es la capilla del Papa, y, al terminar mi Rosario, hago una comunión espiritual, deseando recibir de sus manos a Jesús Sacramentado.

No os extrañe que me den una santa envidia aquellos que tienen la fortuna de estar cerca del Santo Padre materialmente, porque pueden abrirle el corazón, porque pueden manifestarle la estimación y el cariño.

Esa unión que vivimos con el Romano Pontífice, hace y hará que nos sintamos unidísimos en cada diócesis al Ordinario del lugar. Suelo decir, y es cierto, que *tiramos y tiraremos siempre del carro en la misma dirección que el Obispo*. Si alguna vez, un Rvmo. Ordinario no lo entendiese así, y

21

pretendiese ver incompatibilidades que no pueden existir, a mí me daría mucha pena; pero, mientras no tocase lo esencial, cedería: y deberíais ceder también vosotros, sin dificultad. Porque sólo nos mueve a nuestra entrega el deseo de dar a Dios toda la gloria, sirviendo a la Iglesia y a todas las almas, sin buscar gloria para la Obra y sin buscar nuestro provecho personal.

Previendo estas posibles dificultades, aunque me parecen inverosímiles, para obtener del Señor desde el principio de la Obra esta unión interna y externa con el Ordinario del lugar, y con todas las almas que trabajan en cualquier clase de tarea apostólica, vosotros sabéis que rezamos cada día *pro unitate apostolatus*. Una unidad que sólo da el Papa, para toda la Iglesia; y el Obispo, en comunión con la Santa Sede, para la diócesis.

22   Sueño, hijas e hijos míos, con esos oratorios, con esos sagrarios, que se repartirán por todos los rincones del mundo, para llevar este espíritu de Dios —de la Obra de Dios— a todas las almas. Y os pido que sigáis la costumbre, el modo de hacer del lugar donde estéis, en la parte material de los edificios. Pero me da mucha pena ver esas iglesias como garajes, esas imágenes que son una caricatura, que son una burla: no las pongáis nunca en nuestros oratorios.

El arte sagrado debe llevar a Dios, debe respetar las cosas santas; está ordenado a la piedad y a
la devoción. Durante muchos siglos, el mejor arte
ha sido el religioso, porque se sometía a esa regla;
porque salvaba, en todo, la naturaleza propia de
su fin. Esas imágenes modernistas, caricaturescas,
son tan poco oportunas como las imágenes rela-
midas de pasta flora: lo feo y poco respetuoso es
tan malo como lo untuoso y lo cursi.

Ninguno de estos dos extremos sirve para
nuestra piedad. El arquitecto, el escultor, el pintor
que quiera contribuir con su arte personal al culto
divino, ha de atenerse a unas reglas claras. Con
esto no digo que sea necesario pintar el cielo de
rodillas, como Fra Angélico, pero sí que es preciso
pintarlo con respeto, con unción, con devoción.

Laicismo y clericalismo

En estos tiempos de laicismo, resaltan dos tipos   23
de personas: los que atacan a la Iglesia desde fuera y los que la atacan desde dentro, sirviéndose
de la misma Iglesia. Los unos —los que atacan
desde fuera—, son laicistas, dicen; los que atacan desde dentro, no sé cómo llamarlos: vamos
a llamarlos pietistas. El espíritu de la Obra es no
servirnos de la Iglesia: servir a la Iglesia.

Y para esto no involucrar la Iglesia con las
cosas terrenas; por ser hijos de la Iglesia, y haber

recibido la llamada específica de Dios, llevamos a Dios todas las cosas de la tierra, pero a nuestras obras no las llamamos católicas: ya lo ve todo el mundo que lo son.

No ponemos nombres de santos a nuestras tareas de apostolado, porque no es necesario ni conveniente. Si lo fuera, ya lo hacen otros: a nosotros, que nos dejen servir a la Iglesia Santa con nuestro propio riesgo personal, sin comprometerla. Lo contrario —servirse de la Iglesia, para ampararse en Ella en la vida profesional, social, política— me parece un falso amor a la Esposa de Jesucristo: y, humanamente, un modo de obrar poco limpio, feo.

24 Sin embargo, hay quienes no nos entienden, y algunos incluso con recta intención: creen que la Iglesia perderá prestigio, si nuestras futuras obras, nuestras labores, nuestras tareas no llevan el apelativo de católicas. Esta opinión se cae sola, no tiene fuerza ninguna, porque todo el mundo verá que serán ciudadanos católicos los que harán la labor; y que, por lo tanto, en honor de la Iglesia redundará su tarea. Otros piensan que así estaremos menos sujetos a la autoridad eclesiástica: estaremos sujetos como los que más. Siempre queremos vivir y procuramos vivir dentro de las disposiciones, a las que han de sujetarse los cristianos.

Desearía que estas personas, que casi en los comienzos de nuestro trabajo no nos entienden, abrieran la Sagrada Escritura, en el Génesis, capítulo XXXII, y vieran las disposiciones que tomó Jacob, cuando temió que su hermano Esaú destruyera su familia y sus riquezas. Cuenta la Escritura que hizo dos grupos con las gentes de su pueblo, y sus rebaños, para que uno fuera de una parte y otro de otra; y pensó razonablemente: si viene Esaú contra un grupo, el otro se salvará.

Aunque no sea éste el motivo por el cual el Señor ha suscitado la Obra —el motivo es recordar a todos los hombres su deber de santidad, a través de su trabajo ordinario en el mundo, en su profesión, y en su estado—, aun cuando no sea éste el motivo, nadie me podrá negar que las circunstancias de hoy, como todas las de los siglos pasados —y no podemos esperar más de los tiempos venideros—, hacen que juzguemos muy prudente la decisión que tomó Jacob.

Querría también que esas personas, con incapacidad para comprendernos, echaran una mirada alrededor —no en un país, sino en todos o en casi todos los países que son o han sido cristianos—, y que se fijaran en tantas empresas privadas, comerciales, industriales, hoteleras, etc., que llevan nombre de santo.

Respeto la experiencia contraria, pero realmente sufro al contemplar que en no pocas ocasiones el apelativo del santo, o de católico o de cristiano, puede servir como un pabellón para encubrir la mercancía averiada. No me importa poner por escrito lo que digo tantas veces de palabra: que, cuando leo —porque las hay, ¡las hay!— en una tienda de comestibles, tienda, o casa, o comercio de San... —de un santo— pienso enseguida con poco temor de equivocarme, que allí tienen el quilo de novecientos gramos.

Servir. Sobrenaturalizar el trabajo. Dar doctrina

26   Hijos míos, no ha sido murmuración, no he recargado las tintas; he contado una parte de lo que he visto, porque me ha parecido necesario, para evitar el escándalo de los que no se escandalizan de aquellos que tienen el cristianismo o el catolicismo como un instrumento oficial para sus empresas y sus ambiciones.

Pero, dejémoslos y vamos a pensar despacio qué hay en la entraña de nuestra labor profesional. Os diré que es una sola intención: *servir*. Porque en el mundo, ahora, la importancia de la misión social de todas las profesiones está clara: hasta la caridad se ha hecho social, hasta la enseñanza se ha hecho social.

CARTA 3 53

Para todo lo que sea servir al prójimo, hay una técnica que el Estado procura coger en las manos. Por eso, cada uno de los hijos de Dios en su Obra debe *sobrenaturalizar* el ejercicio de su trabajo, de su oficio, sirviendo de veras con sentido sobrenatural al prójimo, a la patria, a Dios. Si se sirve directamente a la Iglesia —no, a los eclesiásticos—, servidla sin cobrar; que son muchos los seglares que no trabajan por la Iglesia, si no les pagan. Esta es la consigna que os doy, la que hemos recibido de Dios: no cobrar, sirviendo a la Iglesia; pagar, pagar, pagar aun dando toda nuestra vida.

Hemos hablado de servir: el mejor servicio que podemos hacer a la Iglesia y a la humanidad es dar doctrina. Gran parte de los males que afligen al mundo se deben a la falta de doctrina cristiana, incluso entre los que quieren o aparentan querer seguir de cerca a Jesucristo. Porque hay quienes, en lugar de dar buena doctrina, se sirven de la ignorancia de los demás, para sembrar confusiones. Así se llega hasta negar la existencia de la ley natural, impresa por Dios en cada alma. Y el ambiente del mundo se llena de indolencia religiosa, que en realidad no es más que ignorancia o presunción; no es el satánico *non serviam*, sino la más absoluta carencia de luz.

    Hay personas que se hacen pasar por sabios, y afirman que la religión y la ciencia son

27

cosas antitéticas, que se ha abierto un abismo que parece incolmable: es el dominio del materialismo en todas sus formas. Pero ese abismo lo sabe colmar, llenar, cualquier persona piadosa. Nosotros, hijos de Dios en su Obra, hemos de procurar con la gracia del Señor y con el estudio que desaparezca esa oposición, haciendo, con la ciencia profana, unida al conocimiento teológico y al ejemplo de nuestra vida, la apología de la Fe.

28   Toda nuestra labor tiene, por tanto, realidad y función de catequesis. Hemos de dar doctrina en todos los ambientes; y para eso necesitamos acomodarnos a la mentalidad de los que nos escuchan: *don de lenguas.* Don de lenguas que nos obliga a hablar con contenido: *en efecto, hermanos,* escribe San Pablo, *si yo fuese a vosotros hablando lenguas, ¿qué os aprovechará si no os hablo instruyéndoos con la Revelación, o con la ciencia, o con la profecía, o con la doctrina?*[37]. Luego, hay obligación de formarse: obligación de formarnos bien doctrinalmente, obligación de prepararnos para que entiendan; para que, además, sepan después expresarse los que nos escuchan.

Continúa San Pablo: *si la lengua que habláis no es inteligible, ¿cómo se sabrá lo que decís?: no*

---

[37] *1 Co* 14,6.

hablaréis sino al aire. El don de lenguas nos obliga a comprender a los demás. Es también el Após-tol el que adoctrina: *hay en el mundo muchas dife-rentes lenguas, y no hay pueblo que no tenga la suya. Si yo, pues, ignoro lo que significan las palabras, seré bárbaro o extranjero para aquel a quien hable, y el que me hable será bárbaro para mí*[38].

No basta dar doctrina de un modo abstrac-to, despegado: antes os he dicho que es necesario hacer la más fervorosa apología de la Fe, con la doctrina y con el ejemplo de nuestra vida, vivida con coherencia. Hemos de imitar a Nuestro Se-ñor, que hacía y enseñaba, *coepit facere et docere*[39]: el apostolado de dar doctrina está manco e in-completo, si no va acompañado por el ejemplo. Hay un refrán que deja, con la sabiduría del pue-blo, muy claro lo que os estoy diciendo. Y el re-frán es éste: fray ejemplo es el mejor predicador.

No he creído nunca en la santidad de esas per-sonas a las que llaman *santos laicos*. De ellos afirman que llevan una vida íntegra, y que a la vez se profesan ateos. Pero el Espíritu Santo dice por San Pablo que *las perfecciones invisibles de Dios, incluso su eterno poder y su divinidad, se han hecho visibles después de la creación del mundo, por el*

29

---

[38] *1 Co* 14,9-11.
[39] Cfr. *Hch* 1,1.

conocimiento que de ellas nos dan sus criaturas[40]. Por eso, en el mejor de los casos, respetarán algunos preceptos de la ley natural —ni siquiera todos, porque la ley natural les impone admitir la existencia de Dios—, pero su vida no da luz, porque se han apartado de la luz de Cristo, *lux vera, quae illuminat omnem hominem*[*]; luz verdadera, que ilumina a todos los hombres.

Es, pues, necesario imitar a Jesucristo —os decía—, para darlo a conocer con nuestra vida. Sabemos que Cristo se hizo hombre a fin de introducir a todos los hombres en la vida divina, para que —uniéndonos con Él— viviésemos individual y socialmente la vida de Dios. Oíd cómo lo dice San Juan: *non enim misit Deus Filium suum in mundum ut iudicet mundum, sed ut salvetur mundus per ipsum*[41]; no envió Dios su Hijo al mundo para condenar al mundo, sino para que por su medio el mundo se salve.

Trabajo secular y laical

30 Correspondiendo a la llamada que de Dios hemos recibido, el ejemplo que hemos de dar, para corredimir con Cristo, exige de nosotros —de

---

[*] *Jn* 1,9 (N. del E.).
[40] *Rm* 1,20.
[41] *Jn* 3,17.

vosotros y de mí— una labor realizada de un modo laical y secular: para hacer un trabajo eclesiástico —propio de eclesiásticos— ya están los sacerdotes y religiosos. Nuestra tarea no hemos de realizarla en las iglesias, sino en la entraña de la vida civil, en medio de la calle. De ahí nuestro deber de hacernos presentes, con el ejemplo, con la doctrina y con los brazos abiertos para todos, en todas las actividades de los hombres.

Veo con alegría a los seglares que se ponen al servicio de la Iglesia, para llevar, junto a los sacerdotes, una vida de trabajo en las distintas asociaciones piadosas de fieles. Pero el Señor a nosotros nos pide un apostolado capilar, de irradiación apostólica en todos los ambientes. No podemos tener una vida chata, mediocre, de compromiso. Con esto no quiero decir que los fieles que trabajan junto a los sacerdotes en labores eclesiásticas tengan la vida *chata*, porque de otro modo hacen también una gran tarea.

Nuestro trabajo se desarrolla, cada día, en medio   31
de los centenares de personas con las cuales nos encontramos en contacto desde que nos despertamos por la mañana, hasta que se acaba la jornada: los parientes, la servidumbre, los colegas de trabajo, los clientes, los amigos. En cada uno de ellos hemos de reconocer a Cristo, hemos de ver en cada uno de ellos a Jesús como nuestro hermano;

y así nos será más fácil prodigarnos en servicios, en atención, en cariño, en paz y en alegría.

Ese ideal nuestro, cuajado en obras, acercará muchas almas a la Iglesia, y muchos jóvenes, muchos hombres maduros, y muchas personas de edad, con generosidad y con valentía, vendrán también a unirse codo con codo con nosotros en el servicio de Dios en su Obra.

32   Hay que rechazar el prejuicio de que los fieles corrientes no pueden hacer más que limitarse a ayudar al clero, en apostolados eclesiásticos. El apostolado de los seglares no tiene por qué ser siempre una simple participación del apostolado jerárquico: a ellos, especialmente a los hijos de Dios en su Obra, porque tienen una llamada divina, como miembros del pueblo de Dios, les compete el deber de hacer apostolado. Y esto no porque reciban una misión canónica, sino porque son parte de la Iglesia; esa misión —repito— la realizan a través de su profesión, de su oficio, de su familia, de sus colegas, de sus amigos.

Sin embargo, la mayoría de la gente no acierta a ver la eficacia apostólica de la actuación de los seglares como fieles corrientes, cuando se dedican simplemente a su trabajo ordinario y dan así ejemplo con su vida, sirviéndose de todas las circunstancias para dar doctrina. Los que así piensan se quedan cortos en su visión, y aún añado que se quedan más cortos en nuestro caso: porque llegaremos a toda esa eficacia que ellos apenas entrevén, a través de nuestra entrega completa, por nuestra correspondencia a la llamada divina que hemos recibido del Señor: *ecce ego quia vocasti me*[42].

Apostolado de la amistad

Quien no vea la eficacia apostólica y sobrenatural de la amistad, se ha olvidado de Jesucristo: *ya no os llamo siervos, sino amigos*[43]. Y de la amistad con sus apóstoles, con sus discípulos, con la familia de Betania: con Marta, María y Lázaro. Y de aquellas escenas que nos cuenta San Juan, antes de la resurrección de Lázaro, aquel *et lacrimatus est Iesus**: olvida las palabras llenas de confianza de las dos hermanas cuando quieren comunicar a Jesucristo la enfermedad de Lázaro, y le envían este mensaje: *Señor, mira que aquél a quien amas está enfermo*[44].

Hay en la Escritura, hijas e hijos de mi alma, multitud de textos en los que se habla de

33

---

* *Jn* 11,35; «*et lacrimatus est Iesus*»: «y Jesús lloró» (T. del E.).

[42] *1 R* 3,6.

[43] Cfr. *Jn* 15,15.

[44] *Jn* 11,3.

la amistad, pero sólo os voy a decir uno, que aparece en la primera epístola de San Pedro; en el capítulo V, versículo 13, cuando, refiriéndose a Marcos, le llama: *Marcus filius meus*.

Con la amistad leal y desinteresada, el apostolado del ejemplo se hace más eficaz; pero el ejemplo hay que darlo siempre, no sólo a los amigos, sino a los que no nos conocen, y aun a los que nos son hostiles. Con el ejemplo, cada uno de vosotros os hacéis otro Cristo, *qui pertransiit benefaciendo et sanando omnes*[45], que pasó haciendo el bien y sanando a todos.

34　El ejemplo no se da sólo con buenas palabras, sino con las obras. Los que pretenden hacerlo de otro modo, merecen oír y han de meditar este pasaje de la Escritura: *entonces Jesús habló al pueblo y a sus discípulos y les dijo: en la cátedra de Moisés se han sentado los escribas y los fariseos; practicad, pues, y haced todo lo que os dijeren; pero no los imitéis en las obras, porque ellos dicen lo que se debe hacer y no lo hacen. Atan pesadas cargas y las ponen sobre los hombros de los otros, pero ellos ni con un dedo tratan de moverlas*[46].

Palabras y obras, fe y conducta, en unidad de vida, hemos dicho ya en otra ocasión. Obrar

---

[45] *Hch* 10,38.
[46] *Mt* 23,1-4.

de otra manera, hacer las cosas por vanidad, para dejarse ver, con espectáculo, ha merecido estas palabras, que salieron de la boca de Cristo: *omnia vero opera sua faciunt ut videantur ab hominibus*[47], hacen todas las cosas para ser vistos por los hombres.

¿De qué servirá?, pregunta Santiago en su epístola católica, *¿de qué servirá, hermanos míos, el que uno diga tener fe, si no tiene obras?; ¿por ventura a éste esa clase de fe podrá salvarle?* Y añade: *como un cuerpo sin espíritu está muerto, así también la fe sin las obras está muerta*[48].

Es mejor ser cristiano sin decirlo, que decirlo sin serlo. Es una cosa óptima enseñar, pero a condición de que se practique lo que se enseña. Nosotros tenemos un solo Maestro, aquél que habló y todas las cosas fueron hechas; las mismas obras que Él ha realizado en silencio son dignas del Padre. El que comprende verdaderamente la palabra de Jesús, puede entender su mismo silencio; y entonces será perfecto, porque obrará en conformidad con su palabra y se manifestará mediante su silencio[49].

---

[47] *Mt* 23,5.

[48] *St* 2,14.26.

[49] S. IGNACIO DE ANTIOQUÍA, *Epistula ad Ephesios*, c. 15, 1-2 (SC 10, p. 71).

Obligación de dar ejemplo.
Obligación de dar doctrina

35 Estáis obligados a dar ejemplo, hijos míos, en todos los terrenos, también como ciudadanos. Debéis poner empeño en cumplir vuestros deberes y en ejercitar vuestros derechos. Por eso, al desarrollar la actividad apostólica, observamos como ciudadanos católicos las leyes civiles con el mayor respeto y acatamiento, y dentro del ámbito de esas leyes nos esforzamos siempre por trabajar.

Con la llamada divina y la formación específica, hemos de ser sal de la tierra y luz del mundo[50], porque estamos obligados a dar ejemplo con una santa desvergüenza: *vir quidem non debet velare caput suum quoniam imago et gloria Dei est*[51]. Imagen de Dios somos: por lo tanto, *brille así vuestra luz ante los hombres, de manera que vean vuestras buenas obras y glorifiquen a vuestro Padre que está en los cielos*[52]. Pero no hemos de hacer alarde, no hemos de ser como esos vendedores de chucherías que llevan toda su mercancía al descubierto, para atraer, sino

---

[50] Cfr. *Mt* 5,13-14.

[51] *1 Co* 11,7; «*vir quidem non debet ... imago et gloria Dei est*»: «el hombre, en efecto, no debe cubrirse la cabeza, puesto que es imagen y gloria de Dios» (T. del E.).

[52] *Mt* 5,16.

que hemos de obrar con naturalidad: si lo ven, que lo vean.

Acordaos de aquella pregunta de San Pedro al Señor, después de que Jesús explicó la parábola del padre de familia que vigila sobre su casa. Preguntó San Pedro: *Señor, ¿dices por nosotros esa parábola, o por todos igualmente?* El Señor le respondió: *¿quién piensas que es aquel administrador fiel y prudente, a quien su amo constituye en mayordomo de su familia, para distribuir a cada uno a su tiempo la medida del trigo o el alimento oportuno?*[53]

36

Luego todos los que formamos la Obra estamos obligados a administrar a cuantos nos rodean el alimento de la palabra de Dios, de la doctrina de Dios. Y entonces también a nosotros irá derecho lo que el Maestro dijo, como una promesa de premio: *dichoso el tal siervo, si su amo a la vuelta le halla ejecutando así su deber*[*]. Esta administración de la doctrina, con el ejemplo, con la palabra, por escrito, a través de la amistad, etc., esta enseñanza la hemos de hacer con discreción, para que no se alejen de Jesús los que tardan en comprender.

---

[53] *Lc* 12,41-42.

[*] *Lc* 12,43 (N. del E.).

Tened presente lo que de Él cuenta San Mateo: *et sine parabolis non loquebatur eis*[54], se acomodaba a la mentalidad del medio ambiente. He dicho que nos hemos de acomodar al medio ambiente, pero no adaptarnos al ambiente, al ambiente mundano: hay peligro de adaptarse, por cobardía, por comodidad o —da tristeza— por satisfacer las malas pasiones. Y entonces nos unimos al grupo de los desalentados. ¡No! No es éste el camino; que no se diga de nosotros: *esos tales son del mundo, y por eso hablan el lenguaje del mundo*[55], sino lo que Jesús dijo a su Padre: *así como tú me has enviado al mundo, así yo los he enviado también a ellos al mundo*[56].

37 Hay otra razón de justicia que nos obliga a dar ejemplo: y es no difamar a nuestros hermanos de la Obra. Aquella sentencia absolutamente ilógica, *ab uno disce omnes*[*], es desgraciadamente muchas veces regla corriente para juzgar. Nuestro ejemplo ha de ser constante: todo tiene que ser ocasión de apostolado, medio de dar doctrina, aunque tengamos debilidades.

---

[*] «por uno solo los conocerás a todos», VIRGILIO, *Eneida*, 2, 65-66 (N. del E.).
[54] *Mt* 13,34.
[55] *1 Jn* 4,5.
[56] *Jn* 17,18.

Sin miedo. Y para no tener miedo, no tener culpa. Si hay alguna debilidad, os recomiendo que repitáis las palabras de Pedro a Jesús, que yo repito habitualmente, detrás de cada uno de mis errores: *Domine, tu omnia nosti, tu scis quia amo te*[57]; Señor, tú sabes todas las cosas, tú sabes que te amo.

El conocimiento de nuestros errores nos hace humildes, nos hace acercarnos más al Señor. Además hemos de tener en cuenta que, mientras estemos en la tierra, por providencia del Señor, tendremos equivocaciones, errores. Santiago escribe de Elías que era hombre pecador como nosotros; sin embargo, *hizo después de nuevo oración, y el cielo dio lluvia, y la tierra produjo su fruto*[58].

La actuación de cada uno de nosotros, hijos, *es personal y responsable*. Debemos procurar dar buen ejemplo ante cada persona y ante la sociedad, porque un cristiano no puede ser individualista, no puede desentenderse de los demás, no puede vivir egoístamente, de espaldas al mundo: es esencialmente social, miembro responsable del Cuerpo Místico de Cristo.

Con esta dedicación al fin que comprende todos los otros fines concretos —que no son más que medios para ese fin, de que he hablado primero,   38

---

[57] *Jn* 21,17.
[58] *St* 5,18.

que es dar doctrina—, nuestra labor apostólica contribuirá a la paz, a la colaboración de los hombres entre sí, a la justicia, a evitar la guerra, a evitar el aislamiento, a evitar el egoísmo nacional y los egoísmos personales: porque todos se darán cuenta de que forman parte de toda la gran familia humana, que está dirigida por voluntad de Dios a la perfección.

Así contribuiremos a quitar esta angustia, este temor por un futuro de rencores fratricidas, y a confirmar en las almas y en la sociedad la paz y la concordia: la tolerancia, la comprensión, el trato, el amor.

Sin acepción de personas.
Respetar la libertad de los demás

39 Os diré con el apóstol Santiago: *no intentéis jamás conciliar la fe de Nuestro Señor Jesucristo con la acepción de personas, porque si entrando en vuestra familia un hombre con sortija de oro y ropa preciosa, y entrando al mismo tiempo un pobre con un mal vestido, ponéis los ojos en el que viene con vestido brillante y le decís: siéntate aquí en este buen lugar, diciendo por el contrario al pobre: tú está allí en pie o siéntate aquí a mis pies, ¿no es claro que formáis un tribunal injusto dentro de vosotros mismos y os hacéis jueces de injustas sentencias? ¿No es verdad que Dios eligió a los pobres en este mundo para hacerlos ricos en la fe y herederos*

del reino que tiene prometido a los que le aman? Vo-
sotros, al contrario, habríais afrentado al pobre. ¿No
son los ricos los que os tiranizan y no son esos mismos
los que os arrastran a los tribunales?[59].

No quiere decir esto que no tengamos obligación de atender a los poderosos: hemos de procurar trabajar también con aquellas almas que influyen más en las masas, en el pueblo, vengan esas gentes de arriba o de abajo: no admitimos, tampoco en eso, acepción de personas.

El apostolado del ejemplo respeta la libertad de todos, pero hace que la gloria de Dios se manifieste y transforme a los hombres, *porque el Señor es espíritu y donde está el espíritu del Señor, allí hay libertad. Y así es que todos nosotros contemplando a cara descubierta, como en un espejo, la gloria del Señor, somos transformados en la misma imagen de Jesucristo, avanzando de claridad en claridad, como iluminados por el espíritu del Señor*[60].

Os vengo hablando, hijas e hijos míos, de la obligación que nos apremia —*caritas Christi urget nos*[61]— de ayudar a Cristo Señor Nuestro en su divina tarea de Redentor de todas las almas, consumada cuando Jesús murió en la vergüenza y en la gloria

40

---

[59] *St* 2,1-6.
[60] *2 Co* 3,17-18.
[61] Cfr. *2 Co* 5,14.

de la Cruz —*iudaeis quidem scandalum, gentibus autem stultitiam*[62]; escándalo para los judíos, necedad
para los gentiles— y que, por voluntad de Dios,
continuará hasta que llegue la hora del Señor.

Esta obligación incumbe a todos los cristianos: y, por un título especialísimo —la llamada que hemos recibido—, es *onus et honor*, carga
y honor para los hijos de Dios en su Obra. El
Señor pide de nosotros que le llevemos, con
nuestra conducta ejemplar y con un apostolado
constante de dar doctrina, a todos los hombres
que se crucen en nuestro camino: apostolado
que habéis de hacer *en y desde* vuestro propio trabajo profesional, en vuestro propio estado.

En la acción apostólica, no debemos dejarnos arrastrar por ninguna acepción de personas,
ni podemos excluir ninguna actividad humana,
porque todas las ocupaciones honestas, todos
los oficios honrados serán para nosotros motivos de santificación, y medio de apostolado efi-
cacísimo, que nos dará ocasión para arrastrar a
otras almas a la búsqueda sincera y generosa de
la santidad en medio del mundo.

Por eso he afirmado, y os lo repito, que
habéis de dar ejemplo, siendo así testigos de
Jesucristo en todos los campos de la actividad
humana, a los que llevaréis la buena semilla que

---

[62] *1 Co* 1,23.

habéis recibido, para ser sembradores de Dios, sal que sazone las almas que no han gustado aún o que han olvidado el sabor del mensaje evangélico, luz que ilumine a los que yacen en las tinieblas del error o de la ignorancia.

En todos los campos donde los hombres trabajan —insisto— os habéis de hacer presentes también vosotros, con el maravilloso espíritu de servicio de los seguidores de Jesucristo, que *no vino a ser servido, sino a servir*[63]: sin abandonar imprudentemente —sería error gravísimo— la vida pública de las naciones, en la que actuaréis como ciudadanos corrientes, que eso sois, con libertad personal y con personal responsabilidad.

Presencia en la vida pública. Ni laicismo ni clericalismo. La Obra no tiene actividad política

La presencia leal y desinteresada en el terreno de la vida pública ofrece posibilidades inmensas para hacer el bien, para servir: no pueden los católicos —no podéis vosotros, hijos míos— desertar ese campo, dejando las tareas políticas en las manos de los que no conocen o no practican la ley de Dios, o de los que se muestran enemigos de su Santa Iglesia.

41

---

[63] *Mt* 20,28.

La vida humana, tanto privada como social, se encuentra ineludiblemente en contacto con la ley y con el espíritu de Cristo Señor Nuestro: los cristianos, en consecuencia, descubren fácilmente una compenetración recíproca entre el apostolado y la ordenación de la vida por parte del Estado, es decir, la acción política. *Las cosas que son del César, hay que darlas al César; y las que son de Dios, hay que dárselas a Dios*, dijo Jesús[64].

Por desgracia, es corriente que no se quiera seguir este precepto tan claro, y que se involucren los conceptos, para terminar en dos extremos que son igualmente desordenados: el laicismo, que ignora los legítimos derechos de la Iglesia; y el clericalismo, que avasalla los derechos, también legítimos, del Estado. Es preciso, hijos míos, combatir estos dos abusos por medio de seglares, que se sientan y sean hijos de Dios, y ciudadanos de las dos Ciudades.

42 Política, en el sentido noble de la palabra, no es sino un servicio para lograr el bien común de la Ciudad terrena. Pero este bien tiene una extensión muy grande y, por consiguiente, es en el terreno político donde se debaten y se dictan leyes de la más alta importancia, como son las que conciernen al matrimonio, a la familia, a la

---

[64] Cfr. *Mt* 22,21.

escuela, al mínimo necesario de propiedad privada, a la dignidad —los derechos y los deberes— de la persona humana. Todas estas cuestiones, y otras más, interesan en primer término a la religión, y no pueden dejar indiferente, apático, a un apóstol.

La Obra no tiene política alguna: no es ése su fin. Nuestra única finalidad es espiritual y apostólica, y tiene un resello divino: el amor a la libertad, que nos ha conseguido Jesucristo muriendo en la Cruz[65]. Por esto, la Obra de Dios no ha entrado ni entrará nunca en la lucha política de los partidos: no es solamente loable, sino un estricto deber para nuestra Familia sobrenatural mantenerse por encima de las querellas contingentes, que envenenan la vida política, por la sencilla razón de que la Obra —vuelvo a afirmar— no tiene fines políticos, sino apostólicos.

Pero vosotros, hijos míos —cada uno personalmente—, no sólo cometeríais un error, como os acabo de decir, sino que haríais una traición a la causa de Nuestro Señor, si dejarais el campo libre, para que dirijan los negocios del Estado, a los indignos, a los incapaces, o a los enemigos de Jesucristo y de su Iglesia.

---

[65] Cfr. *Ga* 4,31.

43   No quiero con esto afirmar que todos los ciuda-
      danos no cristianos sean indignos o incapaces, ni
      que todos vosotros hayáis de intervenir día tras
      día en las lides políticas. Muchos —la mayoría—,
      bastará que tengan un criterio seguro en todo lo
      que afecte a la Iglesia; que sepan dar la doctrina
      sana —que no es política, sino religiosa— a sus
      amigos y compañeros; y, finalmente, que cum-
      plan con rectitud sus deberes cívicos, cuando el
      gobierno del país se lo pida.
           Otros, en cambio, tendrán inclinación
      para dedicarse a las cuestiones políticas; no se-
      rán politicastros, que viven sólo de expedientes y
      compromisos con el fin de asegurarse un puesto,
      del que comen, en la vida pública de su patria,
      capaces de vender los derechos de primogenitura
      por un plato de lentejas*, sino hombres que a su
      vida profesional unen un afán de servicio —nun-
      ca de dominio— a sus conciudadanos, en la vida
      política o en las organizaciones sindicales.
           A todos os digo: los que tengáis vocación po-
      lítica, actuad libremente en ese terreno, sin abdicar
      de los derechos que como ciudadanos os compe-
      ten; y buscad vuestra santificación ahí, mientras
      servís a la Iglesia y a la patria, procurando el bien
      común para todos en el modo que os parezca más
      adecuado, porque en lo temporal no hay dogmas.

      _____
      * Cfr. *Gn* 25,29-34 (N. del E.).

Los demás, cumplid siempre con fidelidad vuestros deberes, y exigid que se respeten vuestros derechos. Y todos actuad libremente, porque es propio de nuestra peculiar llamada divina santificarnos, trabajando en las tareas ordinarias de los hombres según el dictado de la propia conciencia, sintiéndonos responsables personalmente de nuestras actividades libremente decididas, dentro de la fe y de la moral de Jesucristo.

Libremente: porque el vínculo que nos une es **44** sólo espiritual. Estáis vinculados unos a otros, y cada uno con la Obra entera, sólo en el ámbito de la búsqueda de vuestra propia santificación, y en el campo —también exclusivamente espiritual— de llevar la luz de Cristo a vuestros amigos, a vuestras familias, a los que os rodean.

Sois, por tanto, ciudadanos que cumplen sus deberes y ejercitan sus derechos, y que están asociados en la Obra sólo para ayudarse espiritualmente a buscar la santidad y a ejercer el apostolado, con unos medios ascéticos y unos modos apostólicos peculiares. El fin espiritual de la Obra no distingue entre razas o pueblos —únicamente ve almas—, por lo que se excluye toda idea de partido o de mira política.

Y así, en todo: en lo que no se refiere al espíritu y al apostolado de la Obra, no estáis unidos más que por un empeño de fe, de moral y de doctrina social, que es el espíritu de la Iglesia Católica y, por tanto, el de todos los fieles.

Deberes cívicos

45   Este empeño de doctrina y de vida que nos da la Iglesia Católica, y que a vosotros, hijos míos, os empuja a servir a Dios mientras servís a vuestra patria, se concreta en unos puntos de verdad firmes, inconmovibles. Son principios indiscutibles que constituyen el denominador común —*vinculum fidei*— no vuestro, no de mis hijos, sino de todos los católicos, de todos los hijos fieles de la Santa Madre Iglesia.

Os diré, a este propósito, cuál es mi gran deseo: querría que, en el catecismo de la doctrina cristiana para los niños, se enseñara claramente cuáles son estos puntos firmes, en los que no se puede ceder, al actuar de un modo o de otro en la vida pública; y que se afirmara, al mismo tiempo, el deber de actuar, de no abstenerse, de prestar la propia colaboración para servir con lealtad, y con libertad personal, al bien común. Es éste un gran deseo mío, porque veo que así los católicos aprenderían estas verdades desde niños, y sabrían practicarlas luego cuando fueran adultos.

46   Es frecuente, en efecto, aun entre católicos que parecen responsables y piadosos, el error de pensar

que sólo están obligados a cumplir sus deberes familiares y religiosos, y apenas quieren oír hablar de deberes cívicos. No se trata de egoísmo: es sencillamente falta de formación, porque nadie les ha dicho nunca claramente que la virtud de la piedad —parte de la virtud cardinal de la justicia— y el sentido de la solidaridad cristiana se concretan también en este estar presentes, en este conocer y contribuir a resolver los problemas que interesan a toda la comunidad.

Por supuesto, no sería razonable pretender que cada uno de los ciudadanos fuera un profesional de la política; esto, por lo demás, resulta hoy materialmente imposible incluso en las sociedades más reducidas, por la gran especialización y la completa dedicación que exigen todas las tareas profesionales, y entre ellas la misma tarea política.

Pero sí se puede y se debe exigir un mínimo de conocimiento de los aspectos concretos que adquiere el bien común en la sociedad, en la que vive cada uno, en unas circunstancias históricas determinadas; y también se puede exigir un mínimo de comprensión de la técnica —de las posibilidades reales, limitadas— de la pública administración y del gobierno civil, porque sin esta comprensión no puede haber crítica serena y constructiva ni opciones sensatas.

Conviene, por eso, que haya muchas posibilidades de adquirir un hondo sentido social y de cooperación, para lograr el bien común. Ya os hablé de esa medida concreta del catecismo; pero, también en el campo de la pedagogía escolar —de la formación humana—, bueno sería que los maestros, sin imponer criterios personales en lo opinable, enseñaran el deber de actuar libre y responsablemente en el campo de las tareas cívicas.

Somos de Dios, en el mundo. Libertad de acción, personalmente responsable

47 Pero volvamos a la Obra y a vosotros, hijos míos. Ya sabéis que, como a Nuestro Señor, a mí también me gusta emplear parábolas, acudiendo sobre todo a esas imágenes de la pesca —barcas y redes—, que tienen un sabor tan evangélico. Nosotros somos como peces cogidos en una red. Nos ha pescado el Señor con la red de su amor, entre las olas de este mundo nuestro revuelto; pero no para sacarnos del mundo —de nuestro ambiente, de nuestro trabajo ordinario—, sino para que, siendo del mundo, seamos a la vez totalmente suyos. *Non rogo ut tollas eos de mundo, sed ut serves eos a malo*[66]; no te pido que los saques del mundo, sino que los preserves del mal.

Además, esta red, que nos une a Cristo y nos mantiene unidos entre nosotros mismos, es

---

[66] *Jn* 17,15.

una red amplísima, que nos deja libres, con responsabilidad personal. Porque la red es nuestro
común denominador —pequeñísimo— de cristianos que quieren servir a Dios en su Obra; es la
formación católica, que nos lleva a acatar con
la máxima fidelidad el Magisterio de la Iglesia.

Porque somos libres como peces en el
agua, y porque estamos cogidos en la red de
Cristo, no confundimos a la Iglesia con los errores personales de ningún hombre, y no tolera-
mos que ninguno confunda nuestros propios
errores personales con la Iglesia. No hay derecho
a involucrar a la Iglesia con la política, con la
actuación política más o menos acertada, y siempre opinable de cada uno: eso es muy cómodo y
muy injusto. Tampoco hay derecho a involucrar
a la Obra con los errores o aciertos de cada uno
de vosotros.

Si hay errores, se deberá en parte a que es casi   48
imposible no cometerlos, tratándose de una tarea tan compleja, en la que nadie puede tener
completamente en su mano los innumerables
datos que intervienen en cualquier problema
serio. Pero, aun cuando se trate de errores que se
hubiesen podido evitar —errores debidos a negligencias, a falta de prudencia, etc.—, tampoco
entonces la Iglesia o la Obra deberá cargar para
nada con esta responsabilidad.

Porque lo cierto es que, si hay equivocaciones de este género, será siempre *a pesar de la Iglesia, a pesar de la Obra*, que impulsan a todos sus hijos a hacer con la mayor perfección humana posible —porque, sin esa perfección humana, no pueden aspirar a la perfección sobrenatural— todas sus tareas personales.

En resumen: debéis estar activa, libre y responsablemente presentes en la vida pública. Os estoy hablando de la obligación de trabajar en este terreno, del modo que mejor corresponda a la mentalidad de cada uno, a las circunstancias y necesidades del país, etc. Si os hablo de este tema, es porque tengo el deber de daros criterio, y lo hago como sacerdote de Jesucristo y como Padre vuestro, sabiendo que a mí me toca estar por encima de las facciones y de los intereses de grupo.

Nunca os he preguntado, ni os preguntaré jamás —y lo mismo harán, en todo el mundo, los Directores de la Obra—, qué piensa cada uno de vosotros en estas cuestiones, porque defiendo vuestra legítima libertad. Sé —y no tengo nada que decir en contra— que entre vosotros, hijas e hijos míos, hay gran variedad de opiniones. Las respeto todas; respetaré siempre cualquier opción temporal de cada uno de mis hijos, con tal de que esté dentro de la Ley de Cristo.

Mis criterios personales, en cuestiones políticas 49
concretas, no los conocéis, porque no los ma-
nifiesto: y, cuando haya sacerdotes en la Obra,
deberán seguir la misma regla de conducta, ya
que su misión será, como la mía, exclusivamente espiritual.

Por lo demás, aunque conocierais esos
criterios personales míos, no tendríais ninguna
obligación de seguirlos. Mi opinión no es un
dogma —los dogmas sólo los establece el Magisterio de la Iglesia, en lo que toca al depósito
de la fe—, y vuestras opiniones tampoco son
dogmas. Seríamos inconsecuentes si no res-
petásemos otras opiniones diferentes a la que
cada uno de nosotros tenga: como lo serían
también mis hijos, si no ejercitaran el derecho
a manifestar sus orientaciones políticas, en
asuntos de libre discusión.

Ya os he dicho por qué: porque si en esos
asuntos temporales no intervienen los católicos
responsables —con un completo acuerdo sobre
su *denominador común*, y con sus distintas maneras de juzgar en lo opinable—, es difícil que este
campo no quede en manos de personas que no
tienen en cuenta los principios del derecho natural, ni el verdadero bien común de la sociedad,
ni los derechos de la Iglesia: en manos de gentes
que además no tienen costumbre de respetar las
opiniones contrarias a las suyas. Es decir, que,

sin este espíritu cristiano de consideración de los principios intangibles y de la legítima libertad de elección en lo opinable, no puede haber en la sociedad ni paz, ni libertad, ni justicia.

50   No hablo jamás de cuestiones contingentes de política, y os he explicado que lo hago así porque mi misión es exclusivamente espiritual. Pero hay otra razón: y es que nunca los Directores de la Obra pueden imponer un criterio político o profesional —temporal, en una palabra—, a sus hermanos.

En la Iglesia, es sólo la Jerarquía eclesiástica ordinaria la que tiene el derecho y el deber de dar a los católicos orientaciones políticas, de hacerles ver la necesidad —en el caso de que efectivamente juzgue que haya tal necesidad— de adoptar una determinada posición en los problemas de la vida pública.

Y cuando la Jerarquía interviene de esa manera, eso no es de ningún modo clericalismo. Todo católico bien formado debe saber que compete a la misión pastoral de los obispos dar criterio en cosas públicas, cuando el bien de la Iglesia lo requiera; y saben también los católicos bien formados que esa intervención corresponde únicamente, por derecho divino, a los obispos; porque sólo ellos, estando en comunión con el Romano Pontífice, tienen función pública de gobierno en la Iglesia: ya que *Spiritus Sanctus po-suit episcopos regere Ecclesiam Dei*[67], el Espíritu Santo puso a los obispos para regir la Iglesia de Dios.

Unidad y libertad de los católicos

Ved, hijos de mi alma, la gran necesidad que hay   51
de formar a los católicos con un fin determina-
do: el de conducirles a la unidad en las cosas
esenciales, dejándoles al mismo tiempo que usen
de su legítima libertad, con caridad y comprensión para todos, en las cuestiones temporales.
Libertad: no más dogmas en cosas opinables.

No va de acuerdo con la dignidad y con
la psicología misma de los hombres ese fijar
arbitrariamente unas verdades absolutas, donde por fuerza cada uno ha de contemplar las
cosas desde su punto de vista, según sus intereses particulares y con su propia experiencia
personal. Por lo demás, un solo partido —consecuencia necesaria de haber implantado una
sola opción posible— no sirve para llevar adelante mucho tiempo la vida pública de un país,
porque acaba gastándose, acaba perdiendo la
simpatía y la confianza de la gente, aunque
la gestión haya sido en su conjunto positiva,
y no haya habido inmoralidades. Lealmente

---

[67] *Hch* 20,28.

pienso que las cosas son así, pero puedo equivocarme: no sería la primera vez.

52   Otra advertencia, hijos, aunque quizás es superflua, porque, si tenéis mi espíritu, difícilmente querréis actuar así en la vida pública. La advertencia es ésta: que no seáis *católicos oficiales*, católicos que hacen de la religión un trampolín, no para saltar hacia Dios, sino para subir hasta los puestos —las ventajas materiales: honores, riquezas, poder— que ambicionan. De ellos decía con buen humor una persona seria, quizá exagerando, que ponen *los ojos en el cielo, y las manos donde caigan.*

Esos católicos, que hacen de llamarse católicos una profesión —una profesión, en la que ellos tienen el derecho de admitir a algunos y de rechazar a otros—, quieren negar el principio de la responsabilidad personal, sobre la que se basa toda la moral cristiana: porque el que no puede hacer uso de su legítima libertad, no tiene derecho a la remuneración por sus acciones buenas, ni puede recibir el castigo por sus acciones malas o sus omisiones.

Niegan el principio de la responsabilidad personal, os decía, y pretenden que todos los católicos de un país formen un bloque compacto, renuncien a todas sus libres opiniones temporales, para apoyar masivamente un solo partido, un solo grupo político, del que ellos —los católicos

oficiales— son los amos, y que por tanto también
es *oficialmente católico*.

Pero, ¿cómo van a conseguir que los demás ciu-   53
dadanos católicos abdiquen habitualmente de
sus derechos, para someterse a un monopolio
que no tiene razón de ser? Lo consiguen, muchas veces, con lo que vamos a llamar *un engaño*,
aunque yo no quiero juzgar de la buena fe con
que actúan. El engaño es el de confundir a los
católicos, pidiéndoles esta inútil y absurda unidad en lo opinable, en nombre de la necesaria y
lógica unidad en lo que atañe a la fe y a la moral
de la Iglesia.

Con campañas políticas bien organiza-
das, consiguen desconcertar a la opinión pública, haciendo creer que sólo ellos pueden ser
baluarte, defensa de la Iglesia en aquellas circunstancias concretas de su país. En ocasiones,
llegan a crear —y a mantener después todo el
tiempo que puedan— una situación artificiosa
de peligro, para que se convenzan más fácilmente los ciudadanos católicos de la necesidad
de sacrificar sus libres opciones temporales, y
apoyen al partido que ha asumido *oficialmente*
la defensa de la Iglesia.

No os extrañe que, a veces, el engaño sea
tan hábil que hasta las mismas autoridades eclesiásticas no se den cuenta, y lleguen a apoyar de

alguna manera ese partido *confesional*, reforzando así oficialmente su carácter y su pretensión de imponerse a las conciencias de los fieles.

54 No quiero decir que todos los partidos oficialmente católicos hayan de basarse en este engaño: los hay que cumplen de veras una función de servicio, de defensa de los intereses de la Iglesia, dando forma unitaria y fuerza a los ciudadanos católicos. Pero me parece casi imposible —las experiencias son muy claras— que un partido *oficialmente* católico, aunque nazca sirviendo a la Iglesia, no acabe sirviéndose de la Iglesia.

Porque tarde o temprano la situación excepcional, que ha hecho necesaria una especial unidad entre los católicos en la vida pública, tiende a normalizarse, y tiende por tanto a desaparecer la necesidad del partido único y obligatorio de los católicos.

Y entonces suele pasar una cosa muy humana, pero muy desagradable: que los católicos *oficiales* que mandan en ese partido no están dispuestos a perder su situación de privilegio, e intentan mantenerla a toda costa. Para esto, no es difícil que lleguen a hacer un *chantaje moral*: o siguen ellos en el poder, con el apoyo de la Jerarquía, o todo se viene abajo, porque tendrán el camino abierto los enemigos de la Iglesia.

Tienen razón: con su política exclusivista, tiránica, han conseguido atrofiar y poner fuera de juego todos los demás organismos y grupos compuestos por católicos, y sólo ellos están en condiciones de actuar con una cierta fuerza. Viene así el momento, en el que la Iglesia se siente comprometida, atada con doble cuerda al destino del partido católico *oficial*.

No servirse de la Iglesia

No os asombre que pueda pasar una cosa de este género. Pensad, hijos míos, que el poder temporal suele deformar, con el tiempo, al que lo posee y lo ejercita. No tiene nada de particular, por tanto, que algún católico con poca formación doctrinal y poca vida interior sienta la tentación de utilizar cualquier medio, para conservar el puesto al que ha llegado en la vida pública: y que acabe haciendo imposibles para mantenerse en el poder, aun bajando a compromisos con la propia conciencia, deformándola. 55

Comprendemos claramente que cuanto he dicho pueda suceder; pero no podemos tolerar que suceda, porque así toda la Iglesia termina por ser prisionera: prisionera la Jerarquía, atada al carro del partido oficial; y prisioneros los fieles, impedidos en el ejercicio de su legítima libertad.

Hemos de deducir de aquí, hijos míos, que tenemos el deber de amar la libertad de todos, y de servir a la Iglesia, evitando todo lo que pueda significar servirse de la Iglesia para fines políticos de parte. De la Iglesia sólo podemos servirnos para encontrar las fuentes de la gracia y de la salvación; esto supone renunciar a intereses propios, sacrificarse gustosamente para que Cristo reine en la tierra, tener pureza de intención. Con esta mentalidad deberán ir a la política los hijos míos que tengan esa noble inclinación: a servir a su patria, a defender las libertades humanas y a extender el reinado de Jesucristo.

Por eso evitarán ser *católicos oficiales*, y procurarán luchar lealmente con las mismas armas que los demás, presentarse como lo que son: ciudadanos corrientes iguales a los otros, católicos responsables, que guardan con los demás católicos la unidad en lo esencial, pero no quieren crear dogmas en lo accidental, en las cuestiones temporales opinables.

56 Esta es la razón limpia y transparente, por la que entre estos hijos míos habrá siempre —es lógico y es bueno que las haya— distintas maneras de entender cuáles son los medios más aptos, en cada circunstancia, para procurar el bien común de la sociedad en que viven.

Tirarán todos del carro en la misma dirección —Dios, bien común de todos los hombres—, pero con diversos estados de ánimo, con muy diversas —y aun opuestas— opiniones en lo temporal opinable. Así no pueden comprometer a la Iglesia, así no pueden comprometer a la Obra.

A pesar de todo, álgunos —bastantes de las personas con las que he hablado— parece que no quieren entender estas ideas, que son tan claras. Tengamos paciencia, dejemos correr el tiempo, y pidamos a Dios que les dé luces, y ya llegarán a comprender.

Peligros de la política. Humildad

Os he hablado tan largamente sobre este punto de la política, porque a vosotros, mis hijos, os corresponde afirmar el reinado de Jesucristo, en todos los campos de la actividad humana, en todas las tareas temporales. Además, porque los que libremente trabajéis en la cosa pública, debéis tener muy en cuenta los peligros de la política.

Ya he hecho alusión a esos riesgos: os he hablado del peligro de que el ejercicio del poder llegue a deformar la conciencia, del peligro de no respetar la justa libertad de los demás y del peligro de comprometer a la Iglesia o a la Obra. Pero hay peligros aún más generales: el de la ambición, el de las pasiones —nacionalismo, partidismo, etc.—, el de perder la visión sobrenatural y olvidar la acción divina en el mundo y en los corazones.

Aquí vienen como anillo al dedo las palabras de la Sagrada Escritura: *todas las cosas hizo buenas en su tiempo, y entregó el mundo a la disputa de los hombres, para que el hombre no halle la obra que hizo Dios desde el principio hasta el fin*[68]; es decir, sin que el hombre pueda comprender la admirable sabiduría, que brilla y brillará en las obras del Creador, desde el principio del mundo hasta el fin. Con las discusiones y rivalidades políticas, se olvida fácilmente el hombre de que es el Señor el que hace, el que impulsa todo lo bueno, y el que nos ha hecho libres.

58   Para evitar ese veneno, esos peligros —que no os han de apartar de esa tarea a los que tengáis esa *vocación* específica, que es siempre un trabajo profesional—, la triaca está en los medios ascéticos, de los que disponen todos los hijos de Dios en su Obra para santificarse en medio del mundo, en la calle: *el espíritu de pobreza*, desprendimiento verdadero de los bienes temporales; y el *espíritu de humildad*, desprendimiento de las glorias humanas, del poder: que son los frutos sabrosos del alma contemplativa en la acción profesional.

---

[68] *Qo* 3,11.

Insisto especialmente en el espíritu de humildad: porque sabéis —os lo repito continuamente— que el amor propio y el orgullo son, para el alma, mucho más insidiosos y mucho más nocivos que *la concupiscencia de la carne y la concupiscencia de los ojos*[69], que son peligros más fáciles de descubrir y de combatir. Por eso pido a mis hijos que estén vigilantes y que no se dejen seducir por esa gloria vana, por esos humos de soberbia, de los que está cargada la atmósfera de la vida pública. Mirad lo que nos dice San Pablo: *nemo se seducat. Si quis videtur inter vos sapiens esse in hoc saeculo, stultus fiat ut sit sapiens*[70]. Nadie se engañe a sí mismo. Si alguno de vosotros se tiene por sabio según el mundo, hágase necio a los ojos de los mundanos, a fin de ser sabio a los de Dios.

Entendedme: vuestra humildad no ha de ser la misma que la de los religiosos, que están llamados por el Señor a huir del mundo, a vivir el *contemptus saeculi*, el desprecio de las realidades temporales, aunque esas realidades terrenas consideradas en sí mismas no supongan ofensa de Dios. Vuestra humildad, hijas e hijos de mi alma, ha de ser la humildad de los cristianos, que deben

59

---

[69] *1 Jn* 2,16.
[70] *1 Co* 3,18.

amar el mundo, tener aprecio a todas las cosas temporales que Dios ha dado al hombre para que le sirva; vuestra humildad debe ser la de almas llamadas a ser del mundo, pero sin ser mundanas, sin tolerar que las cosas temporales —instrumentos de trabajo, para el servicio de Dios— se apeguen al corazón e impidan el progreso espiritual, que tiende a la perfección de la caridad.

El poder, el mando, la autoridad —junto con los honores que deben necesariamente acompañar y sostener esas funciones sociales— no son cosas malas en sí, y mucho menos lo son para los seglares que deben santificarse en medio de ellas. Son cosas buenas, positivas, ordenadas por su misma naturaleza al bien del hombre y a la gloria de Dios. No son un mal necesario, ni un mal menor: ni, en paridad de condiciones, se puede decir que es más perfecto abstenerse de ellas que utilizarlas.

60   La enseñanza de San Pablo es clarísima: *toda persona esté sujeta a las potestades superiores: porque no hay potestad que no provenga de Dios, y Dios es el que ha establecido las que hay en el mundo. Por lo cual quien desobedece a las potestades, a la ordenación o voluntad de Dios desobedece... Porque el que gobierna es un ministro de Dios puesto para tu bien... Por esta misma razón les pagáis los tributos, porque son ministros de Dios, a quien en esto mismo sirven. Pagad pues a todos lo que se les debe: al que se le debe tributo, el tributo; al*

que impuesto, el impuesto; al que temor, temor; al que honra, honra[71]. Y, antes, el mismo Jesucristo lo había enseñado, diciendo a Pilatos: *no tendrías poder alguno sobre mí, si no te fuera dado de arriba*[72].

Pero el poder, siendo como es necesario y bueno, no deja de ser para el hombre caído —*pronus ad peccatum*, inclinado al pecado— una ocasión más de apego, de vanagloria, de hinchazón, de olvido de Dios, como tantas otras cosas buenas, que se pueden volver malas por la malicia de los hombres.

Por eso, los cristianos corrientes que deben santificarse en estas cosas públicas —también vosotros, hijas e hijos míos, si habéis libremente elegido esa actividad profesional, que es parte de vuestra llamada divina— han de estar vigilantes, rectificando constantemente la intención.

Rectitud de intención. Desprendimiento.
Respetar las opiniones ajenas

Aquí viene muy bien que os recuerde esa mani- 61
festación tan heroica de la rectitud de intención, de la humildad verdadera en el servicio de Dios, que se ha de vivir siempre en Casa: me refiero a la disposición de todos mis hijos a abandonar la

---

[71] *Rm* 13,1-6.
[72] *Jn* 19,11.

labor personal más floreciente —puede ser también una labor política—, para dedicarse a otras tareas profesionales externamente menos brillantes, si el bien del apostolado lo requiere y los que tienen autoridad en la Obra así lo disponen.

Esta decisión habitual es una muestra bien evidente de desprendimiento, porque nos da lo mismo trabajar aquí o allí, con tal de saber que nuestra labor es un servicio a Dios y a todas las almas: con este espíritu, mis hijos aprenden a agradar a Dios en todo lo que hacen, y a evitar el contagio del afán desordenado de poder y de las ambiciones personales.

Porque saben ceder, respetar la legítima opinión ajena, actuar con *el estilo* de los hijos de Dios en la Obra, en todo, y concretamente en la vida pública, no olvidarán que su misión es servir, sin esperar gratitud ni honores de los hombres, y teniendo sólo el deseo de agradar a Jesús, *cui servire regnare est*. Así serán indudablemente más eficaces, y sobre todo se santificarán en todas sus actividades personales, que —con la gracia de Dios— habrán sabido convertir en instrumento de santificación y de apostolado, con un radio de acción extensísimo.

62 Cuando os hablo de apostolado del ejemplo, de actuación personal libre y responsable, de no ser nunca *católicos oficiales*, quizás alguno podría

pensar que, para hacer más eficaz esta penetración apostólica en todos los ambientes y dar más fácilmente este ejemplo cristiano, sea conveniente observar secreto respecto al hecho de pertenecer a la Obra.

Mirad: no es así. *Aborrezco del secreto*, que muchas veces no sirve sino para hacer el mal, o para que se diluya la responsabilidad. No admito más secreto que el de la confesión: y así lo digo siempre, a todos los que alguna vez se me acercan con la pretensión de contarme algo en secreto.

Ciertamente, ahora, por estar en los comienzos de esta labor *divina*, de nuestra Obra de Dios, es absolutamente necesario no divulgar imprudentemente nuestro camino, porque pocos están en condiciones de entender esa novedad. Pero esta temporánea actitud nuestra es la más natural: es *el secreto de la gestación*.

Todos los seres que tienen vida necesitan un cierto tiempo de protección —más o menos largo—, antes de aparecer a la luz; tienen necesidad de unas condiciones particulares que hagan posible su primer desarrollo, su maduración. Esto lo hace la naturaleza con las plantas y con los animales y con los hombres; es, pues, perfectamente *natural* que tengamos nosotros el mismo cuidado con la Obra, que es un organismo vivo, que está comenzando su actividad. De otra parte, así han comenzado de ordinario todas las instituciones apostólicas: sin espectáculo, sin ruido. Desgraciada o afortunadamente ya se prevé que, de hacer ruido sobre la Obra de Dios, se encargarán otros.

63   Hemos de tener una santa impaciencia por pegar el fuego divino, que el Señor ha hecho arder en nuestros corazones, a todas las almas que están alrededor nuestro, y hasta a las más lejanas: pero, mientras no llegue la aprobación de la Santa Iglesia, conviene que se actúe con prudencia —de acuerdo con el Rvmo. Ordinario del lugar, como hemos hecho siempre—, dando a conocer afirmativamente a la gente la realidad de la Obra. Tened muy claro, sin embargo, que este modo de proceder no es, de ninguna manera, guardar secretos: obramos a la vista de todo el mundo, y de hecho sólo los ciegos y los sordos pueden desconocer nuestra Obra.

Algunos, por lo que veo, llevados de su incomprensión —ya notáis que no soy duro en juzgar—, querrían que mis hijos, por tener esa entrega maravillosa al servicio de Dios, lucieran un cartelón en la espalda que dijera, poco más o menos: *conste que soy un buen chico*. Y no se dan cuenta de que nosotros —que no somos, ni seremos nunca religiosos—, jurídicamente, canónicamente, trabajamos con sentido sobrenatural, lo mismo que los miembros de una asociación de fieles.

Y a nadie se le ocurre hacer, por ejemplo, que un médico, si es terciario, ponga en sus tarjetas de visita: «Fulano de Tal, terciario franciscano, doctor en Medicina». Luego nuestra manera de obrar no puede ser calificada como un secreto: porque no es querer disimular lo que somos. Por el contrario, es sencillamente naturalidad: no querer simular lo que no somos, porque somos cristianos corrientes, iguales a los demás ciudadanos.

Trabajar con naturalidad. Humildad personal.
Heroísmo en la humildad colectiva

Para ser eficaces, por lo tanto, debéis trabajar con naturalidad, sin espectáculo, sin pretender llamar la atención, pasando inadvertidos, como pasa inadvertido un buen padre que educa cristianamente a sus hijos, un buen amigo que da un consejo lleno de sentido cristiano a otro amigo suyo, un industrial o un negociante que cuida de que sus obreros estén atendidos en lo espiritual y en lo material.

Debéis trabajar —por tanto— silenciosamente, pero sin misterios ni secretos, que nunca hemos empleado y nunca emplearemos: porque no se necesitan para servir a Dios, y además repugnan a las personas que tienen claridad en la conciencia y en la conducta. Silenciosamente:

64

con una humildad personal tan honda, que os lleve necesariamente a vivir la humildad colectiva, a no querer recibir cada uno la estimación y el aprecio que merece la Obra de Dios y la vida santa de sus hermanos.

Esta humildad colectiva —que es heroica, y que muchos no entenderán— hace que los que forman parte de la Obra pasen ocultos entre sus iguales del mundo, sin recibir aplausos por la buena semilla que siembran, porque los demás apenas se darán cuenta, ni acabarán de explicarse del todo ese *bonus odor Christi*[73], que inevitablemente se ha de desprender de la vida de mis hijos.

65   Nosotros hemos de tener muy metidas, en nuestra vida de almas entregadas al servicio del Señor, aquellas palabras suyas: *guardaos de hacer vuestras obras buenas en presencia de los hombres, con el fin de que os vean; de otra manera no recibiréis el galardón de vuestro Padre que está en los cielos*[74].

La virtud teologal de la esperanza nos da un aprecio tan grande del premio que nos ha prometido nuestro Padre Dios, que no estamos dispuestos a correr el riesgo de perderlo por falta de humildad

---

[73]   Cfr. *2 Co* 2,15; *«bonus odor Christi»*: «el buen olor de Cristo» (T. del E.).

[74]   *Mt* 6,1.

colectiva; no queremos que a nosotros se nos apli-
quen, por haber buscado el aplauso de los hombres, aquellas otras palabras de Jesús: *amen, dico
vobis, quia receperunt mercedem suam*[75]; recibieron ya
su galardón. ¡Triste negocio!

Por eso no queremos que se nos alabe, ni
que se nos pregone: queremos trabajar callada-
mente, con humildad, con alegría interna —*servite
Domino in laetitia*[76]—, con entusiasmo apostólico
que no se desvirtúa precisamente porque no se
desborda en ostentación, en manifestaciones
aparatosas. Queremos que haya en todas las
profesiones, en todas las tareas humanas, grupos
escogidos de hombres y de mujeres que, sin ban-
deras al viento ni etiquetas llamativas, vivan san-
tamente e influyan en sus compañeros de trabajo
y en la sociedad, para el bien de las almas: ése es
el afán exclusivo de la Obra.

*Comprensión con todas las almas. No hacer
discriminaciones. Salvar a todas las almas*

Siempre os digo que hay quienes trabajan como
tres, y hacen el ruido de tres mil; nosotros queremos trabajar como tres mil, haciendo el rumor

66

---

[75] *Mt* 6,16.
[76] *Sal* 100[99],2; «*servite Domino in laetitia*»: «*servir al
Señor con alegría*» (T. del E.).

de tres. No estoy diciendo nada peyorativo para nadie; respeto las opiniones contrarias a esa sencillez nuestra, en el modo de hacer el apostolado. Pero estoy convencido de que la unidad espiritual de los cristianos no necesita siempre manifestaciones externas de masas y acciones colectivas ruidosas. La unidad no se logra con congresos y vocerío, sino con la caridad y con la verdad.

Entendéis, por tanto, que la discreta reserva —nunca *secreto*— que os inculco, no es sino el antídoto contra el faroleo; es la defensa de una humildad que Dios quiere que sea también colectiva —de toda la Obra—, no sólo individual; es también, al mismo tiempo, instrumento de mayor eficacia en el apostolado del buen ejemplo, que cada uno personalmente desarrolla en su propio ambiente familiar, profesional, social.

Porque no podemos olvidar, hijas e hijos de mi alma, que toda nuestra vida —por llamada divina— es apostolado. De ahí nace —lo estáis experimentando vosotros, y lo experimentarán todos los hermanos vuestros que vengan después— el deseo constante de tratar a todos los hombres, de superar en la caridad de Cristo cualquier barrera.

De ahí nace en nosotros la cristiana preocupación por hacer que desaparezca cualquier forma de intolerancia, de coacción y de violencia en el trato de unos hombres con otros. También en la acción apostólica —mejor: principalmente en la acción apostólica—, queremos que no haya ni el menor asomo de coacción. Dios quiere que se le sirva en libertad y, por tanto, no sería recto un apostolado que no respetase *la libertad de las conciencias*.

Comprensión, pues, aunque a veces haya quienes no quieran comprender: el amor a todas las almas os ha de llevar a querer a todos los hombres, a disculpar, a perdonar. Debe ser un amor que cubra todas las deficiencias de las miserias humanas; debe ser una caridad maravillosa: *veritatem facientes in caritate*[77], siguiendo la verdad del Evangelio con caridad.

67

Tened en cuenta que la caridad, más que en dar, está en comprender. No os escondo que yo estoy aprendiendo, en mi propia carne, lo que cuesta el que a uno no le comprendan. Me he esforzado siempre en hacerme comprender, pero hay quienes están empeñados en no entenderme. También por esto, quiero comprender a todos; y vosotros siempre debéis esforzaros en comprender a los demás.

Sin embargo, no es un impulso circunstancial el que nos lleva a tener ese corazón amplio, universal, católico. Este modo de comportarse

---

[77] Cfr. *Ef* 4,15.

es de la misma esencia de la Obra, porque el Señor nos quiere por todos los caminos de la tierra, echando la semilla de la comprensión, de la disculpa, del perdón, de la caridad, de la paz. No nos sentiremos jamás enemigos de nadie. La Obra nunca podrá hacer discriminaciones, nunca querrá excluir a nadie de su apostolado: si no, haría traición a su propio fin, a la razón por la cual Dios la ha querido en la tierra.

68 No alcanzo a ver cómo se pueda vivir según el corazón de Jesucristo, y no sentirse enviado, como Él, *peccatores salvos facere*[78], para salvar a todos los pecadores. La actitud del cristiano, por tanto, no puede ser distinta de la que señala San Pablo: *recomiendo, pues, ante todas las cosas, que se hagan súplicas, oraciones, peticiones y acciones de gracias por todos los hombres... Porque ésta es una cosa buena y agradable a los ojos de Dios Salvador Nuestro, el cual quiere que todos los hombres se salven y vengan en conocimiento de la verdad*[79].

El mismo San Pablo nos ofrece su ejemplo personal para practicar esta doctrina: *híceme flaco para los flacos, para ganar a los flacos; híceme todo para todos*[80], *para salvar a todos*. Este es, hijas

---

[78] *1 Tm* 1,15.

[79] *1 Tm* 2,1-4.

[80] *1 Co* 9,22.

e hijos míos, el espíritu que os he enseñado a ejercitar. Un espíritu que es manifestación bien real de *diversidad práctica*, de espíritu abierto, de disponibilidad sin límites.

Esta doctrina me la ha dado Dios, para que os la dé a vosotros: y la habéis de vivir siempre con vuestro trabajo en tantas tareas humanas, que se desarrollarán con el tiempo en todos los rincones de la tierra, para contribuir a promover la unidad verdadera, el trato sincero de todos los hombres.

Alguna vez el panorama os puede parecer descorazonador: porque advertiréis la pequeñez humana de vuestro esfuerzo, frente a todo un mundo que desconoce la comprensión. Tenéis razón: se ha dicho que el mundo acaba siempre dividido en dos mitades, y una se dedica a hablar mal de la otra. Pero, precisamente porque sobra desunión e incomprensión, nos quiere Dios en todos los caminos de los hombres para vivir personalmente la comprensión de Cristo, y para enseñarla a vivir.

No pretendemos cambiar todo en pocos días. Os diré más, algo que entristece: quizá nunca los cristianos llegaremos a establecer plenamente en la tierra este clima de unidad. Pero eso no quita que tengamos esta meta delante de los ojos: llegaremos, si somos fieles —dóciles a la gracia de Dios—, hasta donde Dios quiera; por supuesto, mucho más allá de lo que nunca podamos soñar.

Si me preguntáis por los medios, para obtener ese fin de caridad, os contestaré que los tenéis en nuestros *modos* apostólicos peculiares, que son manifestaciones naturales del espíritu sobrenatural de la Obra. Primero, como sabéis, la labor de amistad y de confidencia entre los jóvenes de todas las clases sociales, que son la esperanza, que ahora está cuajando, de la realidad de mañana.

Luego, la práctica constante de las virtudes de la convivencia, ofreciendo a Dios con alegría, sin que se note, los roces inevitables con caracteres, mentalidades, gustos diversos: *cum omni humilitate et mansuetudine, cum patientia supportantes invicem in caritate*[81]; con toda humildad y mansedumbre, con paciencia, soportándoos unos a otros con caridad.

No humillar a nadie. Santa transigencia

70   No exageréis esas dificultades. Un alma contemplativa sabe ver a Jesucristo en los que le rodean, y no le cuesta soportar todo lo que sea molesto en la convivencia con sus hermanos los hombres.

---

[81] *Ef* 4,2.

Más aún, soportar le parece poco: lo que quiere es edificar, imitar a Jesucristo con su caridad sin límites, con su capacidad de ceder y conceder en todo lo personal, en todo lo que no suponga ofensa de Dios.

Y así nosotros, como más fuertes en la fe —os diré con San Pablo—, *debemos soportar las flaquezas de los menos firmes, y no dejarnos llevar de una vana complacencia por nosotros mismos. Al contrario, cada uno de vosotros procure dar gusto a su prójimo en lo que es bueno y puede edificarle*[82].

También os he enseñado, hijas e hijos míos, una regla práctica, esencial para la convivencia, para edificar a los demás en la caridad: no discutir, no pretender convencer a los demás con la dialéctica, ya que muchos no están en disposición de ceder sin sentirse humillados, al reconocer la razón del que habla como adversario.

Tratad con caridad al que todavía es flaco o poco instruido en la fe, sin andar en disputas de opiniones[83]. Se expone la verdad serenamente, de forma positiva, sin polémica, sin humillar, dejando siempre al otro una salida honrosa, para que reconozca sin dificultad que estaba equivocado, que le faltaba formación o información. A veces, la caridad más fina será hacer que el otro quede con la

---

[82] *Rm* 15,1-2.
[83] *Rm* 14,1.

convicción de que ha llegado, por su cuenta, a
descubrir alguna verdad nueva. No discutáis: en
cambio, haced estudiar serenamente los problemas, proporcionando doctrina escrita.

71   Con esta disposición entregada, no dudéis de que
el Señor nos concederá a los cristianos lo que pe-
día San Pablo: *quiera el Dios de la paciencia y de la
consolación haceros la gracia de estar siempre unidos
mutuamente en sentimientos y afectos según el Espíritu
de Jesucristo, a fin de que no teniendo sino un mismo corazón y una misma boca, glorifiquéis unánimes a Dios,
el Padre de Nuestro Señor Jesucristo*[84].

Esta entrega, esta comprensión, esta caridad, olvidándonos de nuestros derechos, nos
hace ceder —conceder— en todo lo que sea
nuestro, en todas nuestras cosas personales,
hasta donde llegó Jesucristo. El Señor nos ha
dicho que aprendamos de Él: *discite a me quia
mitis sum et humilis corde*[85]; para vivir esa mansedumbre, esa humildad, esa santa transigencia
con todo lo personal, nos basta contemplar a
Jesús, que *semetipsum exinanivit formam servi ac-
cipiens, in similitudinem hominum factus et habitu
inventus ut homo*[86]; que se anonadó a sí mis-

---

[84] *Rm* 15,5-6.
[85] *Mt* 11,29.
[86] *Flp* 2,7.

mo, tomando la forma de siervo, haciéndose semejante a los demás hombres y reducido a la condición de hombre.

No tuvo límites el anonadamiento de Nuestro Señor. Hasta la muerte más ignominiosa llegó su santa transigencia: *humiliavit semetipsum factus obediens usque ad mortem, mortem autem crucis*[87]; se anonadó a sí mismo, siendo obediente hasta la muerte, y muerte de cruz. Y lo hizo por amor a los hombres, a los que llama amigos suyos, aunque no quieran serlo. *Vos autem dixi amicos*[88], dice a los discípulos que le van a dejar solo en el momento de la prueba. *Amice, ad quid venisti?*[89], ¿a qué has venido, amigo?, dice al mismo Judas, que viene a entregarlo.

Y por amor a todos —a sus amigos que quieren ser fieles, aunque están llenos de miserias; y a los que no quieren ser amigos suyos—, Jesucristo se deja maltratar, insultar, crucificar. *Maiorem hac dilectionem nemo habet, ut animam suam ponat quis pro amicis suis*[90]; nadie tiene amor más grande que el que da la vida por sus amigos.

---

[87] *Flp* 2,8.
[88] *Jn* 15,15.
[89] *Mt* 26,50.
[90] *Jn* 15,13.

Santa intransigencia. Por amor de Dios;
no por intereses personales

72   Pero Jesucristo no nos ha dado sólo el ejemplo
de la santa transigencia; nos ha dado también
el ejemplo clarísimo de la santa intransigencia,
en las cosas de Dios. Porque Jesús no transige
con el error —¡esas reprimendas terribles a los
fariseos!—, ni tolera que delante de Él se ofenda impunemente al Creador. Contemplad la
santa indignación de Cristo, frente al abuso
de los mercaderes en el Templo: *habiendo en-*
trado en el templo, comenzó a echar fuera a los que
vendían en él, diciéndoles: escrito está: mi casa es
casa de oración; pero vosotros la tenéis hecha una
cueva de ladrones[91].

Tampoco podemos tolerar que se ofenda a
Dios donde estemos nosotros, pudiéndolo evitar;
si es preciso, utilizaremos también una santa coacción, acompañada de toda la suavidad posible en
la forma, y siempre respetando *la legítima libertad*
de las conciencias. Es decir, actuaremos de tal modo
que quede claro que no nos movemos para defender intereses personales, sino sólo por amor
de Dios —*zelus domus tuae comedit me*[92], el celo
de tu Casa me come las entrañas— y por amor a

---

[91] *Lc* 19,45-46.
[92] *Jn* 2,17.

los hombres, que queremos sacar del error, para impedir que condenen neciamente su alma.

Por eso, a veces, hijas e hijos míos, no tendremos 73
más remedio que pasar un mal rato nosotros y hacérselo pasar a otros, para ayudarles a ser mejores. No seríamos apóstoles, si no estuviésemos dispuestos a que interpreten mal nuestra actuación y reaccionen de un modo desagradable.

Hemos de convencernos de que los santos —nosotros no nos creemos unos santos, pero queremos serlo— resultan necesariamente unas personas incómodas, hombres o mujeres —¡mi santa Catalina de Siena!— que con su ejemplo y con su palabra son un continuo motivo de desasosiego, para las conciencias comprometidas con el pecado.

Para los que no quieren tener una vida limpia, nuestra delicadeza en la guarda del corazón ha de ser necesariamente como un reproche, como un estímulo, que no permite a las almas abandonarse o adormecerse. Es bueno que sea así; el hijo mío que no quiera provocar estas reacciones en las almas de los que le rodean, el que desee siempre *hacerse el simpático*, no podrá evitar él mismo la ofensa a Dios, porque se hará cómplice de los desórdenes de los demás. Vivid de modo que podáis decir: *inflammatum est cor meum, et renes mei commutati sunt: zelus domus tuae comedit me*[93]; mi corazón se inflama y se conmueven mis entrañas: porque el celo de tu casa me devora.

Trato amable. Amistad con todos

74   El santo es *incómodo*, os decía. Pero eso no significa que haya de ser *insoportable*. Su celo nunca debe ser un celo amargo; su corrección nunca debe ser hiriente; su ejemplo nunca debe ser una *bofetada moral*, dada en la cara de sus amigos. La caridad de Cristo —esa santa transigencia con las personas, de la que os hablaba— debe suavizarlo todo, de modo que nunca se aplique a ningún hijo mío eso que se puede decir —a veces, desgraciadamente, con razón— de ciertas buenas personas: que *para aguantar a un santo, se necesitan dos santos.*

Nuestra actitud ha de ser todo lo contrario: no queremos que nadie se aparte de nosotros, porque no hayamos sabido comprenderle o tratarle con cariño. Nunca hemos de ser personas que van buscando pelea. Sigamos el consejo de San Pablo: *vivid en paz, si puede ser y en cuanto esté de vuestra parte, con todos los hombres*[94].

Nos esforzamos por vivir en paz, aun cuando los demás no quieran: *bendecid a los que os persiguen:*

---

[93] *Sal* 73[72],21; 69[68],10.
[94] *Rm* 12,18.

bendecidlos, y no los maldigáis... A nadie devolváis mal por mal, procurando obrar el bien, no solo delante de Dios, sino también delante de todos los hombres[95]. No tratamos nunca a nadie como enemigo, porque no podemos ser enemigos de nadie.

Más aún, vamos positivamente a hacernos ami-   75
gos, a ganarnos amigos para hacerlos amigos de Jesucristo. El Señor quiere servirse de nosotros —de nuestro trato con los hombres, de esta capacidad nuestra, que nos ha dado Él, de querer y de hacernos querer—, para seguir haciéndose Él amigos en la tierra; como se sirvió de Juan el Bautista para encontrar al otro Juan, el que iba a ser el amigo predilecto, el que vemos recostado en el pecho de Jesús aquella noche entrañable de la Última Cena: *erat ergo recumbens unus ex discipulis eius in sinu Iesu, quem diligebat Iesus*[96].

Vamos a hacernos amigos entre todos nuestros compañeros de trabajo, entre todos los que viven en nuestro ambiente, aunque estén lejos de Dios; incluso os puedo decir que a éstos nos debemos acercar más, porque nos necesitan más. Nos necesitan, primero, los cristianos

---

[95] *Rm* 12,14.17.

[96] *Jn* 13,23; «*erat ergo recumbens ... quem diligebat Iesus*»: «estaba recostado en el pecho de Jesús uno de los discípulos, el que Jesús amaba» (T. del E.).

flojos, los que no viven de acuerdo con la fe que profesan; vamos a acercarnos a ellos con toda nuestra caridad y con toda nuestra comprensión, ofreciéndoles una amistad sincera, auténtica, humana y sobrenatural.

No os retraiga el peligro *del contagio*; con nuestra vida contemplativa, con la fidelidad a nuestro espíritu, a nuestras Normas y a nuestras costumbres, estamos inmunizados de sus errores y de sus ejemplos, si no son cristianos. Como los queremos con el corazón de Cristo, está Jesús entre nosotros y ellos, y acabaremos ahogando el mal en abundancia de bien.

76   Necesitáis, sin embargo, mucha paciencia; debéis hacer el propósito firme de no desanimaros, porque la labor no es fácil. Es más milagro, en efecto, la conversión de un mal cristiano —católico o no— que la de un pagano: ya que los primeros tienden a comprender mal, de un modo deformado, todo lo que les digamos de Jesús y de su doctrina, porque delante de sus ojos no ven a Jesucristo, sino una caricatura de Jesucristo.

Frente a esa dificultad hemos de poner nuestra constancia en la oración: *rogad también continuamente por los otros hombres, pues cabe en ellos esperanza de conversión, a fin de que alcancen a Dios. Haced que, al menos por vuestras obras, reciban*

instrucción de vosotros... Oponed a sus blasfemias,
vuestras oraciones; a sus extravíos, vuestra firmeza
en la fe; a su fiereza, vuestra dulzura... Mostrémonos
hermanos suyos, por nuestra amabilidad: sólo hemos
de esforzarnos en imitar al Señor[97].

Ved, hijas e hijos de mi alma, cuál es el
motivo último de nuestro espíritu abierto, de
nuestro querer comprender a todos: es el afán
apostólico. Si huyéramos de los que no conocen
o no practican la fe de Cristo, no les daríamos
la posibilidad de contemplar nuestro ejemplo,
no les podríamos ofrecer la imagen verdadera de
Jesucristo reflejada en nuestras vidas, aun en medio de tanta miseria personal nuestra.

Hemos de ir con todos, si es preciso, hasta las
mismas puertas del infierno: más allá, no, porque allí no se puede amar a Jesucristo. Los atrae-
remos con nuestra amistad leal, recibiremos en
nuestras propias casas hasta a los más lejanos.
Por eso, será parte de nuestro amadísimo apostolado *ad fidem* —que a su tiempo recibirá, no lo
dudo, sanción oficial— permitir a nuestros amigos acatólicos asistir a los actos del culto en nuestros oratorios; sin darles demasiadas facilidades,
haciéndoselo desear, de modo que se subraye la

77

---

[97] S. IGNACIO DE ANTIOQUÍA, *Epistula ad Ephesios* c. 10,
1-3 (SC 10, p. 67).

libertad personal, que es característica principal de nuestros apostolados.

Para facilitar esta labor, es más conforme con nuestro espíritu que no pongamos, a nuestros Centros o a nuestras casas, nombres que puedan tener un sentido agresivo o militar, de victoria o de gloria: *Deo omnis gloria!*, ¡para Dios toda la gloria! Aunque respeto sin inconveniente que otros piensen y obren de otra manera, tened presente siempre que los hijos de Dios, en su Obra, no necesitamos de violencias; nos sentimos protegidos por la Providencia divina, y podemos decir después de haberlo experimentado tantas veces: *in umbra manus suae protexit me*[98], me cubrió el Señor con la sombra de su mano.

Labor apostólica junto con otros ciudadanos

78   Hasta ahora, hijas e hijos míos queridísimos, os he hecho considerar algunas facetas del apostolado individual que cada uno de vosotros ha de ejercer en su propio ambiente, en el desarrollo de su trabajo ordinario, de su profesión u oficio. Hay, sin embargo, otros tipos de apostolado que, con el tiempo, ejercitarán mis hijos en todo el mundo, asociándose como ciudadanos

---

[98] *Is* 49,2.

corrientes a otros ciudadanos, siempre dentro de las leyes del país en el que trabajen.

Se asociarán a otros ciudadanos —no tienen por qué ser siempre católicos—, para desarrollar juntos una labor profesional con una finalidad eminentemente apostólica, es decir, que sirva directamente para dar doctrina —éste es siempre nuestro apostolado—, aunque no tenga un carácter exclusivamente espiritual.

De ordinario se tratará, por ejemplo, de labores culturales, de beneficencia, de prensa, de cine, etc. No deben ser tareas *oficialmente católicas*, aunque podrá haber alguna excepción, si se viera oportuno. Pero en general han de tener la misma característica que el apostolado personal de mis hijos, del que os acabo de hablar: porque se tratará de trabajo profesional, secular y laical, hecho por ciudadanos entre sus iguales. El problema no está en llamarse católicos, sino en serlo, tanto en la actuación individual, como en las labores de conjunto.

Deberá haber, finalmente, también otro tipo de apostolados de los que la Obra oficialmente se hará responsable; serán siempre actividades profesionales de carácter plena y exclusivamente apostólico, realizadas por mis hijos. Y como las llevarán a cabo corporativamente los que pertenecen al Opus Dei, las llamaremos *obras corporativas*. 79

Podrán ser de tipos muy diversos, según las circunstancias y las necesidades de las almas en cada lugar y en cada época: centros de formación para todas las categorías sociales; casas para retiros espirituales y cursos de instrucción religiosa; residencias para estudiantes universitarios; centros profesionales y asistenciales para obreros, campesinos, etc.

Las hijas y los hijos míos que se harán cargo de estas labores apostólicas deberán dedicarse a ellas *profesionalmente*, porque para todos los que forman parte de la Obra, sin excepción, el trabajo profesional es el único medio de santificación propia y ajena. Su labor en las *obras corporativas* será su trabajo ordinario de tipo profesional, aunque tenga una finalidad directa y totalmente apostólica; y, en todo caso, se tratará de una labor igual a la que ejercen muchos otros ciudadanos: maestros, médicos, administradores, directores de residencias de estudiantes, etc.

Si alguna vez los hijos míos tienen que dejar su ocupación profesional habitual, para dedicarse a tareas de dirección, de formación o de asistencia en alguna labor corporativa, tampoco entonces habrán dejado de *vivir la vida ordinaria de la gente de la calle*, y su nueva labor será siempre *trabajo profesional*; puesto que es corriente, en todas partes, que muchas personas cambien con más o menos frecuencia de actividades, por motivos familiares, económicos, sociales, etc. Y hay profesiones —la política, por ejemplo— a las que suelen dedicarse ordinariamente quienes ya se habían ocupado y siguen ocupándose de otras tareas.

Las casas y los Centros que son la sede material —el domicilio— de estas labores corporativas no serán nuestras, ordinariamente. Por muchos motivos, no conviene; y además no podría ser, porque somos pobres: la Obra es pobre ahora, en los comienzos, y lo será siempre, porque el Señor no dejará nunca de pedirnos más labores apostólicas, más iniciativas, más gastos de dinero y de personas en su servicio. Trabajaremos en casas alquiladas, o en edificios del Estado, o en sitios de los que tenga la propiedad alguna sociedad formada por algunos hijos míos y por otros ciudadanos que nos quieran ayudar. 80

Porque somos pobres, las hijas y los hijos míos llevarán estas labores con un sentido de responsabilidad muy grande, cara a Dios. Les guiará, en cualquier circunstancia que se presente y que no esté expresamente prevista en las normas concretas que voy dando, la fórmula, el criterio seguro que me habéis oído tantas veces: harán lo que haría, en las mismas circunstancias, un padre o una madre de familia numerosa y pobre.

Estas labores corporativas, os decía, excluyen cualquier otro fin que no sea puramente espiritual y apostólico: por eso es posible y necesario que la Obra —cuyo fin es exclusivamente sobrenatural— se haga responsable de la seguridad de su doctrina católica. No difundirán una doctrina o unas opiniones corporativas en asuntos temporales, porque tal doctrina corporativa —os lo he dicho mil veces— no existe, no puede existir. *Corporativamente, no tenemos opiniones propias* —cada uno, sí las puede tener—, tenemos sólo *creencias*: la doctrina de la Iglesia que aceptamos sin reservas, y que es lo único que nos une.

Toda la gloria para Dios. Nuestra ambición es servir

81   Efectivamente sólo nos une la doctrina de la Iglesia Santa de Dios, *la llamada divina* y el deseo de servirla como hijos suyos fieles y agradecidos. Esta es nuestra ambición sobrenatural, que es precisamente lo que más se opone a cualquier ambición humana, a cualquier afán de ventaja personal. No trabajamos para encumbrarnos, sino para desaparecer y, con nuestro sacrificio, poner a Cristo en la cumbre de todas las actividades de los hombres.

Nuestro lema es el del Bautista: *illum oportet crescere, me autem minui*[99]; conviene que Cristo

---

[99] *Jn* 3,30.

crezca, y que yo me haga pequeño. Por eso, nuestra ambición más grande —la verdadera gloria de la Obra— es vivir sin gloria humana, para que sólo a Dios vaya la gloria, *soli Deo honor et gloria*[100].

Ya hemos contemplado el ejemplo de Jesucristo. Vamos a verle otra vez, volviendo a un texto maravilloso de San Pablo, que os he citado en otra ocasión: *...no debemos dejarnos llevar de humana complacencia de nosotros mismos... Porque Cristo no buscó la propia satisfacción, antes bien, como está escrito, decía a su Padre: los oprobios de los que te ultrajaban vinieron a descargar sobre mí*[101].

No vamos al apostolado a recibir aplausos, sino a dar la cara por la Iglesia, cuando ser católicos es difícil; y a pasar ocultos, cuando llamarse católicos es una moda. De hecho, en muchos ambientes, ser católicos de verdad, aun sin llamarse así, es razón suficiente para recibir todo tipo de injurias y de ataques. Por eso aunque os he dicho alguna vez que a nosotros *nos repugna vivir de ser católicos, viviremos, si es necesario, a pesar de ser católicos.* Sin olvidar, añado siempre, que nos repugnaría más aún *vivir de llamarnos católicos.*

Ambición de servir: esta ambición tiene unas manifestaciones concretas muy claras, que

82

---

[100] *1 Tm* 1,17.
[101] *Rm* 15,1.3.

podríamos llamar también *nuestras pasiones dominantes*, nuestras locuras. La primera es la de querer ser el último en todo, y el primero en el amor. Al Señor le decimos, en nuestra meditación personal: Jesús, ¡que yo te quiera más que todos! Ya sé que soy el último de tus siervos; ya sé que estoy lleno de miserias: ¡me has tenido que perdonar tantas ofensas, tantas negligencias! Pero tú has dicho que *ama menos aquel a quien menos se le perdona*[102].

Afán de almas: tenemos el deseo vehemente de ser corredentores con Cristo, de salvar con Él a todas las almas, porque somos, queremos ser *ipse Christus*, y Él *dedit redemptionem semetipsum pro omnibus*[103], se dio a sí mismo en rescate por todos. Unidos a Cristo y a su Madre Bendita, que es también Madre nuestra, *Refugium peccatorum*; fielmente pegados al Vicario de Cristo en la tierra —*al dulce Cristo en la tierra*—, al Papa, tenemos la ambición de llevar a todos los hombres los medios de salvación que tiene la Iglesia, haciendo realidad aquella jaculatoria, que vengo repitiendo desde el día de los Santos Ángeles Custodios de 1928: *omnes cum Petro ad Iesum per Mariam!*

---

[102] *Lc* 7,47.
[103] *1 Tm* 2,6.

Pero no podemos aspirar a ser corredentores con   83
Cristo, si no estamos dispuestos a *reparar por los
pecados*, como Él lo hizo. Mirad cómo San Pablo
aplica a Jesucristo las palabras del Salmo XXXIX:
*Tú no has querido sacrificio ni ofrenda, pero a mí me
has preparado un cuerpo mortal; no te han agradado
los holocaustos por el pecado, entonces dije: heme aquí
que vengo; según está escrito de mí al principio del libro, para cumplir, oh Dios, tu voluntad*[104].

Queremos ofrecer nuestra vida, nuestra dedicación sin reservas y sin regateos, como expiación
por nuestros pecados; por los pecados de todos
los hombres, hermanos nuestros; por los pecados
cometidos en todos los tiempos, y por los que
se cometerán hasta el fin de los siglos: ante todo,
por los católicos, por los elegidos de Dios que no
saben corresponder, que hacen traición al amor de
predilección que el Señor les ha tenido.

Amar como el que más: ganar para Cristo todas las almas; reparar abundantemente por las
ofensas hechas al Corazón Sacratísimo de Jesús:
he aquí nuestras ambiciones. Con una locura tan
divina, con este celo que nos come las entrañas,
zelus domus tuae comedit me[105], ¿qué ambición humana podrá pegársenos en el camino de nuestra vida? Ninguno de nosotros, si mantiene este

---

[104] *Hb* 10,5-7. Cfr. *Sal* 40[39],7-9.
[105] *Jn* 2,17.

espíritu de la Obra, puede tener afán de lucir-
se, de ascender en la escala social, de conseguir
puestos, honores, reconocimientos, si no es a
pesar suyo y para servir a Dios.

Porque si nos moviésemos por esta ambición humana, para satisfacer nuestro amor propio
—no faltarán quienes digan falsamente que lo hemos hecho—, entonces tendríamos que renunciar
a la aspiración de servir a Dios: *nemo potest duobus
dominis servire*[106], porque nadie puede servir a dos
señores: a Jesucristo y a nuestra vanidad.

Recuerdo que, apenas ordenado, me dieron
este *buen consejo*: si quiere usted *hacer carrera*, evite
cuidadosamente todo lo que sea trabajar en serio,
y, sobre todo, evite escribir cosas claras. Entonces
quizá no lo entendí muy bien; ahora veo que, desde un punto de vista humano, tenían razón. Pero
doy gracias a Dios, Señor mío, porque me hizo
comprender —ya entonces— que no debía hacerles
caso: no me interesó nunca *hacer carrera*, a pesar de
mis faltas y de mis miserias personales.

*Comienzo de la Obra: sólo por obediencia
a una clara voluntad divina*

84   Tal es mi horror a todo lo que suponga ambición
     humana, aunque irreprochable, que si Dios en

---

[106] *Mt* 6,24.

su misericordia se ha querido servir de mí, que soy un pecador, para la fundación de la Obra, ha sido a pesar mío. Sabéis qué aversión he tenido siempre a ese empeño de algunos —cuando no está basado en razones muy sobrenaturales, que la Iglesia juzga— por hacer nuevas fundaciones. Me parecía —y me sigue pareciendo— que sobraban fundaciones y fundadores: veía el peligro de una especie de *psicosis de fundación*, que llevaba a crear cosas innecesarias por motivos que consideraba ridículos. Pensaba, quizá con falta de caridad, que en alguna ocasión el motivo era lo de menos: lo esencial era crear algo nuevo y llamarse fundador.

Así se multiplicaban las obras, con nombres y finalidades que aparentemente nacían —atomizando las tareas apostólicas y mudando frecuentemente sus fines— de ese querer ser *cabeza de ratón*: y me divertía no poco —he de confesarlo, y pido perdón a Dios, si con eso le ofendí— diciendo para mis adentros, al considerar las finalidades concretas, diminutas, que daban origen a vestimentas chocantes y a familias religiosas iguales a otras muchas que ya existían, puesto que se diferenciaban solamente en el color del hábito, o en el cordón o en la correa ceñida a la cintura: Fundación del Padre Fulano, de hijas de Santa Emerenciana de Tal, para las nietas de viuda bizca, que tengan el pelo rubio.

No os extrañe si os cuento que conozco instituciones hechas para corregir jóvenes pervertidas
—es un ejemplo entre muchos—, que a los pocos
años dejan la labor fundacional, no porque no
haya más mujeres desviadas que antes, sino por
un motivo de comodidad, para dedicarse a tener
escuelas de pago o labores por el estilo.

Después, muchas veces —aunque no soy
amigo de comedias— he tenido la tentación,
el deseo, de ponerme de rodillas, para pediros
perdón, hijos míos, porque con esa repugnancia a las fundaciones, a pesar de tener abun-
dantes motivos de certeza para fundar la Obra,
me resistí cuanto pude: sírvame de excusa, ante
Dios Nuestro Señor, el hecho real de que desde
el 2 de octubre de 1928, en medio de esa lucha
mía interna, he trabajado por cumplir la Santa
Voluntad de Dios, comenzando la labor apostólica de la Obra. Han pasado tres años, y veo
ahora que quizá quiso el Señor que padecie-
ra entonces y que todavía siga experimentando esa completa repugnancia, para que tenga
siempre una prueba externa más de que *todo es
suyo y nada mío.*

El apostolado es servicio

85   Este es mi espíritu, y éste ha de ser vuestro espíritu, hijas e hijos míos. A la Obra no venís a buscar

nada: venís a entregaros, a renunciar, por amor de Dios, a cualquier ambición personal. Todos tienen que dejar algo, si quieren ser eficaces en Casa y trabajar como Dios nos pide, como un borrico fiel, *ut iumentum!* La única ambición del borrico fiel es servir, ser útil; el único premio que espera es el que le ha prometido Dios: *quia tu reddes unicuique iuxta opera sua*[107], porque el Señor premia a cada uno según sus obras.

Hijos de mi alma: os encontráis aquí, en la Obra, porque el Señor ha puesto en vuestro corazón el deseo limpio y generoso de servir; un celo verdadero, que hace que estéis dispuestos a todo sacrificio, trabajando silenciosamente por la Iglesia sin buscar ninguna recompensa humana. Llenaos de esas nobles ambiciones; reforzad en vuestro corazón esta disposición santa, porque el trabajo es inmenso.

Debemos pedir a Dios, Señor Nuestro, que aumente nuestra ansia de servir, porque *messis quidem multa, operarii autem pauci*[108]; porque los obreros son pocos, y mucha la mies: no tiene orillas el mar de la labor apostólica, y ¡hay en el mundo tan pocas almas que quieran servir! Considerad qué pasaría, si los que queremos servir no nos entregáramos del todo.

---

[107] *Sal* 62[61],13.
[108] *Mt* 9,37.

Hijos míos, la vida nuestra es corta, tenemos poco tiempo para vivir en la tierra, que es cuando podemos hacer a Dios este servicio. Dice el poeta: *al brillar un relámpago nacemos, y aún dura su fulgor cuando morimos, ¡tan corto es el vivir!*[*] Mejor lo escribe el Salmista: *homo, sicut foenum dies eius, tamquam flos agri, sic efflorebit*[109]; el hombre, cuyos días son como el heno, florecerá como la flor del campo, que nace con el primer beso del sol y por la noche se marchita. Por eso nos dice San Pablo: *tempus breve est*[110], ¡no tenemos casi tiempo!

86   Servir, pues; porque el apostolado no es otra cosa. Por nuestras propias fuerzas, no podemos nada en el terreno sobrenatural; pero, siendo instrumentos de Dios, lo podemos todo —*omnia possum in eo, qui me confortat!*[111]: ¡todo lo puedo en Aquél que me conforta!—, porque Él ha dispuesto, por su bondad, utilizar estos instrumentos ineptos. Así que el apóstol no tiene otro fin que dejar obrar al Señor, hacerse disponible, para que Dios cumpla —a través de sus criaturas, a través del alma elegida— su obra salvadora.

[*] Gustavo Adolfo BÉCQUER, *Rimas y Leyendas*, Rima n.º 69, Madrid, Editex, 2013, p. 52.

[109] *Sal* 103[102],15.

[110] *1 Co* 7,29.

[111] *Flp* 4,13.

El apóstol es el cristiano que se siente injertado en Cristo, identificado con Cristo, por el Bautismo; habilitado para luchar por Cristo, por la Confirmación; llamado a servir a Dios con su acción en el mundo, por la participación en la función real, profética y sacerdotal de Cristo, que le hace idóneo para guiar los hombres hacia Dios, enseñarles la verdad del Evangelio, y corredimirlos con su oración y su expiación.

El cristiano dispuesto a servir es guía, maestro y sacerdote de sus hermanos los hombres, siendo para ellos otro Cristo, *alter Christus*, o mejor, como os suelo decir, *ipse Christus**. Pero —insisto— se trata de no hacer una labor personal, de no tener ambiciones personales; se trata de servir a Cristo, para que Él actúe; y de servir también a los hombres, porque Cristo no vino a ser servido, sino a servir: *non venit ministrari, sed ministrare*[112].

Trabajar sin ambición personal terrena.
Humildad más honda

Servir a todos los hombres: tenemos, como campo de nuestro apostolado, a todas las criaturas, de todas las razas y de todas las condiciones sociales. Por eso, para llegar a todos, nos dirigimos

87

---

* *«ipse Christus»*: «el mismo Cristo» (T. del E.).
[112] *Mt* 20,28.

primero —en cada ambiente— a los intelectuales, sabiendo que a través de ellos pasa necesariamente cualquier intento de penetración en la sociedad. Porque son los intelectuales los que tienen la visión de conjunto, los que animan todo movimiento que tenga consistencia, los que dan forma y organización al desarrollo cultural, técnico y artístico de la sociedad humana.

Hijas e hijos míos: os he insistido en la necesidad de desprendernos de toda ambición terrena y de llenarnos de la preocupación —que es una continua ocupación— de servir. Estamos convencidos de que nada vale, nada tiene consistencia, nada merece la pena, al lado de esa misión sublime de servir a Cristo Señor Nuestro. Pero, precisamente porque hemos aprendido a despreciar el aplauso de los hombres y toda búsqueda vanidosa de espectáculo, nuestro afán por conservar el tesoro de la humildad debe ser aún más atento y delicado.

Porque estamos expuestos a un peligro muy sutil, a una insidia casi imperceptible del enemigo, que cuanto más eficaces nos ve, tanto más redobla sus esfuerzos para engañarnos. Ese peligro sutil —corriente, por lo demás, en las almas dedicadas a trabajar por Dios— es, hijos míos, una especie de soberbia oculta, que nace de saberse instrumentos de cosas maravillosas, divinas; una callada complacencia en uno mismo, al ver los milagros que se obran por su apostolado: porque vemos inteligencias ciegas que recobran la vista; voluntades paralizadas que vuelven a moverse; corazones de piedra que se hacen de carne, capaces de caridad sobrenatural y de cariño humano; conciencias cubiertas de lepra, de manchas del pecado, que quedan limpias; almas muertas del todo, podridas —*iam foetet, quatriduanus est enim*[113]—, que recobran la vida sobrenatural.

Y tantos obstáculos humanos superados; tantas incomprensiones vencidas; tantos ambientes conquistados: un trabajo cada vez más amplio y diverso, cada vez más eficaz... Todo eso, hijos míos, puede a veces ser ocasión de una injustificada —pero posible— satisfacción de nosotros mismos. Debemos estar atentos, para que esto no suceda; debemos tener una conciencia muy fina, y reaccionar enseguida.

88

No podemos admitir ni por un instante ningún pensamiento de soberbia, por cualquier servicio nuestro a Dios: porque, en ese mismo momento, dejaríamos de ser sobrenaturalmente eficaces. No quiere Dios siervos suyos engreídos, que se complacen en sí mismos; los quiere, al

---

[113] *Jn* 11,39; «*iam foetet, quatriduanus est enim*»: «ya huele muy mal, porque lleva cuatro días» (T. del E.).

contrario, convencidos de su propia indignidad, y llenos de un santo empeño en no estorbar la obra de la gracia: *servite Domino in timore, et exsultate ei cum tremore; aprehendite disciplinam, nequando irascatur Dominus, et pereatis de via iusta*[114]; servid al Señor con temor —*un temor que es amor de hijo, que no quiere disgustar a su Padre*— y regocijaos en Él con temblor —*con conmoción de amor*, traduzco yo—: no sea que alguna vez el Señor se enoje, y perezcáis fuera del camino justo, y *perdáis el camino*.

Mirad cómo comenta San Agustín esas palabras de la Escritura: *No dice: y no vengáis al camino de la justicia, sino: no perezcáis desviándoos del camino de la justicia. ¿Qué pretende con esto, sino avisar —a los que van por la senda de la justicia— que sirvan a Dios con temor, esto es, sin enorgullecerse? Es como si les dijera: no os ensoberbezcáis, sino sed humildes. En otro lugar dice también: no seáis altivos, sino allanaos a los humildes (Rom. XII, 16). Alborócense, pues, en el Señor, pero con temblor; sin gloriarse de nada, porque nada es de nuestra cosecha; y el que se gloría, gloríese en el Señor (II Cor. X, 17-18). No se extravíen del camino justo por donde comenzaron a avanzar, atribuyéndose a sí mismos la gracia de caminar por él*[115].

---

[114] *Sal* 2,11-12.

[115] S. Agustín de Hipona, *De correptione et gratia liber unus*, c. 9, 24 (CSEL 92, pp. 247-248).

El espectáculo de los prodigios que obra Dios 89
por nuestras manos debe ser una ocasión para
humillarnos, para alabar a Dios y reconocer que
todo viene de Él, y que nosotros no hemos hecho más que estorbar o, a lo más, ser pobres instrumentos en las manos del Señor.

Debemos pensar que hay muchas otras almas que han trabajado mejor que cada uno de
nosotros, que se han sacrificado más y han rezado con mayor perseverancia; pero que el Señor
se ha querido servir más de vosotros y de mí que
de estas otras personas, para que se vea que es Él
el que actúa, para que se note que los instrumentos no cuentan o cuentan muy poco.

Porque *Dios ha escogido a los necios según el
mundo, para confundir a los sabios, y Dios ha escogido a los flacos del mundo, para confundir a los fuertes; y a las cosas viles y despreciables del mundo, y a
aquellas que no eran nada, para destruir las que son
al parecer más grandes, a fin de que ningún mortal se
jacte ante su acatamiento*[116].

Luego, hijas e hijos míos, cuando os parezca que 90
habéis trabajado mucho en el servicio del Señor,
repetid las palabras que Él mismo nos ha enseñado: *servi inutiles sumus; quod debuimus facere,*

---

[116] *1 Co* 1,27-29.

fecimus[117]; somos siervos inútiles: no hemos hecho más que lo que teníamos obligación de hacer.

El resumen que saco siempre al final del día, al hacer mi examen, es *pauper servus et humilis!* Y esto cuando no he de decir: Josemaría, Señor, no está contento de Josemaría. Pero, como la humildad es la verdad, son muchas las veces que —lo mismo que os sucede a vosotros— pienso: Señor, ¡si no me he acordado para nada de mí, si he pensado sólo en Ti y, por Ti, me he ocupado sólo en trabajar por los demás! Entonces nuestra alma de contemplativos exclama con el Apóstol: *vivo autem iam non ego: vivit vero in me Christus*[118]; no soy yo el que vivo, sino que vive en mí Cristo.

Sin humildad no podemos jamás servir eficazmente, porque no sentiremos la necesidad de abandonarnos confiadamente a la acción de la gracia, no tendremos el impulso continuo de acudir a Dios como a nuestra única fuerza. Y no alcanzaremos del Señor los favores que nos tiene reservados, para nuestra santificación y la de nuestros compañeros: *quoniam excelsus Dominus, et humilia respicit*[119]; porque el Señor es excelso, y mira las cosas humildes.

---

[117] *Lc* 17,10.
[118] *Ga* 2,20.
[119] *Sal* 138[137],6.

Hijos de mi alma: sé que lucharéis por ser humildes; sé que seréis así maravillosamente eficaces, porque seréis instrumentos dóciles en las manos de Dios. Y llevaréis al mundo entero la sal y la luz de Cristo, principalmente con el ejemplo de vuestra vida: *emprendamos, pues, vida nueva; hagamos de la tierra cielo y mostremos así a los gentiles de cuán grandes bienes están privados. Porque, cuando vean nuestra conducta ejemplar, contemplarán el espectáculo mismo del reino de los cielos*[120].

Alumbrar con la luz de Dios.
Llamada general a la santidad

Voy a acabar esta conversación larga con vosotros.   91
Nos han servido, las consideraciones que hemos hecho en la presencia de Dios, para comprender un poco más la hondura, y la hermosura y la *vieja novedad* de la llamada a la Obra. A la vuelta de tantos siglos, quiere el Señor servirse de nosotros para que todos los cristianos descubran, al fin, el valor santificante de la vida ordinaria —del trabajo profesional— y la eficacia del apostolado de la doctrina con el ejemplo, la amistad y la confidencia.
    Quiere Jesús, Señor Nuestro, que proclamemos hoy en mil lenguas —y con don de

---

[120] S. JUAN CRISÓSTOMO, *In Matthaeum Homilia*, 43, 5 (PG 57, col. 463).

lenguas, para que todos sepan aplicárselo a sus propias vidas—, en todos los rincones del mundo, ese mensaje viejo como el Evangelio, y como el Evangelio nuevo. Nos alegra en el alma —es como una prueba más, aunque no la necesitamos, de la entraña evangélica de nuestro camino— encontrar trazas de ese mismo mensaje en la predicación de los antiguos Padres de la Iglesia.

Os he citado más de una vez, en esta carta, lo que dice el Crisóstomo; escuchad ahora otras palabras suyas: *no os digo: no os caséis. No os digo: abandonad la ciudad y apartaos de los negocios ciudadanos. No. Permaneced donde estáis, pero practicad la virtud. A decir verdad, más quisiera que brillaran por su virtud los que viven en medio de las ciudades, que los que se han ido a vivir en los montes. Porque de esto se seguiría un bien inmenso, ya que nadie enciende una luz y la pone debajo del celemín.*

De ahí que yo quisiera —sigue San Juan Crisóstomo— que todas las luces estuvieran sobre los candeleros, a fin de que la claridad fuera mayor. Encendamos, pues, el fuego, y hagamos que, los que estén sentados en las tinieblas, se vean libres del error. Y no me vengas con que: tengo hijos, tengo mujer, tengo que atender la casa y no puedo cumplir lo que me dices. Si nada de eso tuvieras y fueras tibio, todo estaba perdido; aun cuando todo eso te rodee, si eres fervoroso, practicarás la virtud.

Sólo una cosa se requiere: una generosa disposición. Si la hay, ni edad, ni pobreza, ni riqueza, ni negocios, ni otra cosa alguna puede constituir obstáculo a la virtud. Y, a la verdad, viejos y jóvenes; casados y padres de familia; artesanos y soldados, han cumplido ya cuanto fue mandado por el Señor.

Joven era Daniel; José, esclavo; Aquilas ejercía una profesión manual; la vendedora de púrpura estaba al frente de un taller; otro era guardián de una prisión; otro centurión, como Cornelio; otro estaba enfermo, como Timoteo; otro era un esclavo fugitivo, como Onésimo, y, sin embargo, nada de eso fue obstáculo para ninguno de ellos, y todos brillaron por su virtud: hombres y mujeres, jóvenes y viejos, esclavos y libres, soldados y paisanos[121].

¡Qué clara estaba, para los que sabían leer en el Evangelio, esa llamada general a la santidad en la vida ordinaria, en la profesión, sin abandonar el propio ambiente! Sin embargo, durante siglos, no la han entendido la mayoría de los cristianos: no se pudo dar el fenómeno ascético de que muchos buscaran así la santidad, sin salirse de su sitio, santificando la profesión y santificándose con la profesión. Y, muy pronto, a fuerza de no vivirla, fue olvidada la doctrina; y la reflexión teológica fue absorbida por el estudio de otros fenómenos ascéticos, que reflejan otros aspectos del Evangelio.

---

[121] S. Juan Crisóstomo, *In Matthaeum Homilia*, 43, 5 (PG 57, col. 464).

92   Al suscitar en estos años su Obra, el Señor ha querido que nunca más se desconozca o se olvide la verdad de que todos deben santificarse, y de que a la mayoría de los cristianos les corresponde santificarse en el mundo, en el trabajo ordinario. Por eso, mientras haya hombres en la tierra, existirá la Obra. Siempre se producirá este fenómeno: que haya personas de todas las profesiones y oficios, que busquen la santidad en su estado, en esa profesión o en ese oficio suyo, siendo almas contemplativas en medio de la calle.

De lo que os acabo de decir se deduce, hijas e hijos míos, que nunca, para la Obra, habrá problemas de adaptación al mundo; nunca se encontrará en la necesidad de plantearse el problema de *ponerse al día*. Dios ha *puesto al día* su Obra de una vez para siempre, dándole esas características seculares, laicales, que os he comentado en esta carta. No habrá jamás necesidad de adaptarse al mundo, porque *somos* del mundo; ni tendremos que ir detrás del progreso humano, porque somos nosotros —sois vosotros, mis hijos—, junto con los demás hombres que viven en el mundo, los que hacéis este progreso con vuestro *trabajo ordinario*.

93   Sed fieles, ayudadme a ser fiel y a saber esperar: sin prisa, porque —a su tiempo— el Señor, que ha querido *su Obra*, hará cristalizar el modo jurídico,

que de momento no se ve, para que la Iglesia Santa reconozca nuestra manera divina de servirla, en el mundo —en medio de la calle— con agua clara y aire libre, sin privilegios, conservando la esencia de nuestra vocación: sin ser religiosos, puesto que el Señor no nos quiere religiosos.

Rezad, rezad mucho: no olvidéis que *la oración es omnipotente*. Recordad que Jesús ha dicho: *quodcumque petieritis Patrem in nomine meo, hoc faciam*[122]; que cuanto pidiereis al Padre en mi nombre, yo lo haré. Y que *qui coepit in vobis opus bonum, perficiet...*[123]; quien ha empezado en vosotros la buena obra, la llevará a cabo. Os he expuesto razones bien sobrenaturales, que me mueven a rezar con fe y a esperar, en vez de buscar ahora una aprobación oficial eclesiástica, que tendría el seguro peligro de empezar a desvirtuar nuestra *vocación divina*, confundiéndola con la vocación de los religiosos. Y esto, no: porque mi Señor Jesús me pedirá cuenta, y —es también seguro— vosotros desertaríais en masa, y haríais bien, no tolerando que fueran violentadas vuestras conciencias de hijos de Dios en la Obra de Dios.

Tened la completa seguridad, por tanto, de que la Obra cumplirá siempre con eficacia

---

[122] *Jn* 14,13.
[123] *Flp* 1,6.

divina su misión; responderá siempre al fin para el cual la ha querido el Señor en la tierra; será con la gracia divina —por todos los siglos— un instrumento maravilloso para la gloria de Dios: *sit gloria Domini in saeculum!*[124].

Os bendice de todo corazón vuestro Padre.

Madrid, 9 de enero de 1932

---

[124] *Sal* 104[103],31.

ESTE LIBRO, PUBLICADO POR
EDICIONES RIALP, S. A.,
MANUEL URIBE 13-15, 28033 MADRID,
SE TERMINÓ DE IMPRIMIR EN
ANZOS, S. L. FUENLABRADA (MADRID),
EL DÍA 13 DE FEBRERO DE 2024.